# Le christianisme, quel impact aujourd'hui ?

Olivier Abel
Alain Duhamel
Pierre Joxe
Jean-Marie Lustiger
Paul Ricœur

# Le christianisme, quel impact aujourd'hui ?

Sous la direction d'Alain Houziaux

DE L'ATELIER

LES EDITIONS

Les Editions Ouvrières
12 avenue Sœur Rosalie
75013 Paris

## Présentation des auteurs

Olivier Abel est philosophe, auteur de *L'éthique interrogative* (PUF, 2000).

Alain Duhamel est éditorialiste à RTL, journaliste et écrivain. Il a publié récemment *Le désarroi français* (Plon, 2003).

Pierre Joxe, ancien ministre, est membre du Conseil constitutionnel. Il est l'auteur de *L'Édit de Nantes. Une histoire pour aujourd'hui* (Éditions Hachette Littératures, 1998) et de *À propos de la France* (Flammarion, 1998).

Jean-Marie Lustiger est cardinal, archevêque de Paris, auteur de *La promesse* (Parole et silence, 2002).

Paul Ricœur est philosophe et auteur de nombreux ouvrages. Le dernier s'intitule *Parcours de la reconnaissance* (Stock, 2004).

# AVANT-PROPOS

## par Olivier Abel

Les textes ici réunis ont été prononcés lors d'une séance de présentation de l'Auditoire organisée au Temple de l'Étoile par le pasteur Alain Houziaux. Tout en remerciant ce dernier et l'ensemble des intervenants de cette soirée, il me revient de présenter l'Auditoire, en avant-propos. Depuis plusieurs années nous éprouvions le manque d'un espace de visibilité ou d'audience de la pensée protestante, à laquelle on reproche de s'être faite trop discrète. Il y a certes des raisons théologiques et culturelles spécifiques à cette *discrétion*, et nous ne saurions faire autrement que de décliner notre style ! Mais il y a aussi une faiblesse démographique : la pensée protestante n'est plus portée par un milieu assez dense pour être attractive, et c'est la première chose que nous voudrions tenter de changer. En concentrant dans un seul espace, boulevard Arago, une Faculté libre de théologie, un grand Foyer d'étudiants résolu à jouer un rôle dans l'animation culturelle, le Fonds Ricœur avec ses connexions universitaires et internationales, nous voulons créer des occasions de rencontres et d'initiatives, un lieu où tous ceux qui ont le courage de l'intelligence se sentent chez eux. L'idée n'est pas d'instituer un centre de mobilisation permanente, mais d'installer durablement la possibilité que des projets éphémères voient le jour et trouvent leur audience.

Cependant l'Auditoire, en cherchant à recenser des intelligences, des expériences, des sensibilités, et à attirer des *intelligences* – pas seulement des étudiants chercheurs, des collégiens et des curieux de tous âges, mais des connivences, des projets partagés – a une autre ambition. Il voudrait faire une brèche dans la séparation de plus en plus grande entre le monde de la recherche et le monde de l'opinion. Les complications de l'un et les simplifications de l'autre, lorsqu'elles ne s'entretiennent plus, sont la ruine de la culture commune. Susciter des intersections de publics, repenser ensemble l'ordre des importances, redistribuer la parole et les compétences, faire cercle autour de questions communes, c'est à la fois l'un des seuls vrais atouts de notre vieux protestantisme français, et l'un des plus urgents de nos impératifs de *civilité*.

L'Auditoire, directement porté par la Faculté de théologie protestante de Paris et par l'Association des étudiants protestants de Paris, est un projet indispensable à tous ces égards, mais coûteux pour l'Église Réformée, la Fédération protestante de France, la Fondation pour le protestantisme français, et toutes les institutions qui le soutiennent. Quelle que soit la forme qu'il prendra, il est nécessaire qu'il trouve un accueil et un appui massifs dans le public protestant et sympathisant de la région parisienne : il a une forte dimension *régionale*, et c'est un projet à l'échelle de Paris et de l'Ile de France. Il s'agit pour la parole protestante de trouver un espace de résonance dans la capitale du monde francophone, d'y trouver son auditoire. Aussi bien le geste de l'Auditoire n'est-il pas seulement de rassembler des auditeurs, mais de donner à chaque auditeur la responsabilité de la parole. Qu'est-ce qu'entendre ensemble ? Qu'est-ce qu'un public ? L'Auditoire voudrait montrer que les lecteurs sont aussi importants que les auteurs, que la *réception* est parfois plus importante que l'émission, que le public est plus important que l'antenne. Et que toute parole est finalement confiée à son auditoire.

# INTRODUCTION

Si le christianisme a façonné les cultures européennes, en est-il de même aujourd'hui ? En posant cette question à cinq personnalités, cet ouvrage veut sortir de la nostalgie qui conduit à mythifier l'existence passée d'une culture chrétienne prospère pour justifier son silence présent.

Le cardinal Lustiger prend le parti d'affirmer l'existence d'une culture chrétienne universelle : elle est cette liberté donnée par l'Esprit dans le baptême, non pas l'accumulation d'œuvres ou d'objets mais le lieu d'expression de sujets. Cette expérience commune doit conduire à changer les axes de l'actuelle culture technicienne afin « qu'ils soient plus respectueux de la dignité humaine et laissent la place suffisante à la liberté de l'esprit pour adorer Dieu et reconnaître son amour ».

Comment cette révélation chrétienne peut-elle s'incarner dans la Cité ? Pour Olivier Abel, contre le double risque d'une sacralisation du politique ou du repli sur le privé, le christianisme a des ressources pour penser à la fois la participation au bien commun et l'écoute des cris, des violences et des fragilités qui ne réduisent pas la vie à sa gestion par l'État.

S'il faut renoncer à voir le christianisme épouser une forme d'État, comment alors envisager sa place en Europe ? s'interroge Alain Duhamel. Le projet de constitution européenne a reflété ce questionnement. Fallait-il mentionner Dieu dans ce texte ? Citer le christianisme, les apports du judaïsme et de l'islam ?

Affronter cette question suppose de mettre en perspective, comme le fait Pierre Joxe, les relations entre l'État et la religion, aboutissant à la séparation des pouvoirs temporel et spirituel. Ce qui conduit à analyser la relation de l'islam au politique.

Dans un contexte post-chrétien, la tâche du christianisme n'est pas donc pas de générer une civilisation particulière : « Il me dénonce pécheur et me donne la vie nouvelle par participation au premier vivant », affirme Paul Ricœur dans un texte d'une étonnante acuité écrit en 1946 [1]. En revanche, poursuit le philosophe, le chrétien est concerné par le contenu des civilisations particulières. Elles sont à la fois le lieu de l'histoire, de la révélation de l'amour de Dieu et l'espace où s'annonce un au-delà de l'histoire. De cette tension, pourrait naître une invention chrétienne qui ferait du désespoir non le dernier mot mais « l'avant-dernier ».

1. Ce texte est paru initialement dans le numéro 5 de *La Revue du christianisme social*. Il a fait l'objet d'une nouvelle publication dans le numéro 76-77 de la revue *Autres Temps*.

# Y A-T-IL UNE CULTURE CHRÉTIENNE ?

## par Jean-Marie Lustiger

Tout d'abord, comment définir la culture ? Vaste espace d'incertitude ! Je placerai la culture du côté du sujet humain et de sa liberté, alors qu'on la place le plus souvent du côté des objets de culture que produit ce sujet. Ainsi le ministre de la Culture a-t-il pour mission de gérer cet ensemble d'objets accumulés par les siècles et d'en promouvoir la production.

Une culture peut se définir aussi selon le point de vue des ethnologues, des littéraires, des historiens de l'art, etc. Et que signifie aujourd'hui « un homme de culture » ? Arrêtons là ces énumérations. Je propose, en guise de définition, de mettre la culture du côté du sujet et des libertés, et non de la réduire aux objets produits, à une culture objectivée.

Y a-t-il une culture chrétienne ? Je réponds : oui ; et j'ajoute : elle est universelle. Il est inutile de dire que je suis conscient du tour paradoxal, provocateur de mon propos.

J'appelle « culture chrétienne » cette réalité de la communion dans la foi que nous pouvons expérimenter, nous, chrétiens

— catholiques, protestants, orthodoxes (encore que les Églises orthodoxes soient souvent liées à une culture nationale).

Ainsi, il existerait une culture chrétienne et elle serait universelle. En quel sens ? La foi au Christ Jésus, la manière dont elle est reçue et vécue ne se jauge pas à partir de l'observation de l'homme en son humanité, telle qu'elle peut apparaître à un sociologue, à un anthropologue, à un historien, voire à un juriste ; elle se manifeste à la mesure de la liberté qu'elle fait naître chez les croyants.

Car le baptême, l'acte qui enfante un chrétien, est un acte où se rencontrent la souveraine liberté de Dieu qui nous aime et qui nous sauve, et la liberté de l'homme que la grâce du mystère de l'Incarnation et de toute l'histoire du salut vient saisir.

Si je me trouve par exemple avec un chrétien chinois, bien que nous ne parlions pas la même langue, bien que nos liturgies ne se ressemblent guère et puissent nous paraître impénétrables, bien que les signes extérieurs (rares dans ce temple, mais plus abondants dans les Églises d'Orient et même dans l'Église catholique) par lesquels s'exprime la foi nous semblent étrangers parce que d'une culture étrangère, puisque nous professons ensemble la même foi, nos libertés coïncident dans l'affirmation de la même réalité. Elle ne constitue pas un noyau culturel que l'on chercherait à isoler dans la diversité des cultures. Cette réalité est le fait de personnes qui communient dans le même acte. Et cet acte est l'acte de l'Esprit en nous qui nous unit au Christ, lui-même, selon l'affirmation paulinienne. Et cet acte est un événement réel et majeur de l'histoire – même culturelle – de l'humanité.

Quand j'affirme qu'il existe une culture chrétienne universelle, j'évoque la manière singulière de vivre la vie humaine dans la foi. Car le mystère de l'homme s'explique ou du moins se dévoile par le mystère du Christ mort et ressuscité ; car la conduite de la liberté humaine trouve son déploiement dans le don de l'Esprit qui rend libre ; car la fraternité entre les hommes trouve sa source dans la paternité de Dieu révélée par le Fils.

De la sorte, dans les différences objectives des cultures, la culture prise au sens du sujet se déploie avec une force inouïe. Autrement dit, cette manière chrétienne de vivre humaine-ment ne peut pas être purement et simplement réduite aux déterminations historiques d'une culture. On ne peut pas la culturaliser parce qu'elle peut habiter toutes les cultures et les faire communiquer entre elles sans les aliéner. Depuis deux millénaires, en vérité, cet événe-ment spirituel rend perceptible le visage parti-culier du chrétien qui fait se reconnaître frères au plus intime de leur existence des hommes et des femmes de toute culture. Car l'Esprit nous donne ce même langage dont la source universelle est aussi l'Écriture en sa particularité historique.

Dire qu'il y a une culture chrétienne et qu'elle est universelle, c'est dire qu'elle ne se réduit à aucune des cultures et leurs objets. Elle ne réside que dans cette liberté donnée par l'Esprit, liberté qui traverse l'histoire des hommes.

Par ces propos provocateurs, je propose un fondement pour notre réflexion. Elle nous met au cœur du débat sur ce qu'est la culture. En même temps, elle nous tient à distance des conflits de culture où le christianisme a pris sa place. Pour être cohérent avec mes prémisses, je préfèrerais dire non pas le christianisme, mais l'action, la vie dans la foi des chrétiens et des Églises, des communautés chrétiennes avec leurs particularités.

Maintenant, chaussant les lunettes de l'historien ou de l'anthropologue, on peut identifier ce que l'on appelle « des cultures chrétiennes ». Il faut ici être précis et concret. Quelle culture chrétienne ? De quel siècle ? Pourquoi la disons-nous chrétienne ? En quoi l'est-elle ou ne le serait-elle pas ? Si elle l'est, quelles sont ses chances de survie ou, au contraire, a-t-elle dépéri et pourquoi ?

Nous avançons sur un terrain difficile. Il faut bien peser le rapport de cette puissance de l'Esprit et de la liberté qui est créatrice de ce que notre siècle a appelé « la culture ». Elle vise le rapport entre la force de l'Esprit et les civilisations dans lesquelles elle se déploie. À cet égard, aucune culture n'est déterminée, achevée. Seule est susceptible d'être circonscrite une culture morte, précisément parce qu'elle est morte !

Prenons par exemple la culture française. Qu'appelons-nous la culture française ? Faut-il l'historiciser en commençant au IX$^e$ siècle avec Charlemagne, puis en tranches chronologiques jusqu'à nos jours ? N'est-ce pas aussi ce dont nous, aujourd'hui, nous héritons, tout ce travail dont nous sommes les continuateurs ? La culture française d'aujourd'hui, me direz-vous, c'est aussi le rock, la pop ou Dieu sait quoi d'autre ! Oui ; non ! C'est aussi la manière dont nous assumons aujourd'hui ces réalités. Nous réagirons différemment selon que pour nous l'idéal du temple de la culture est le musée, l'encyclopédie, voire la mémoire de l'ordinateur qui peut tout conserver. Ou bien selon que, pour nous, ce sont les êtres vivants qui portent et créent ce que nous nommons leur culture. Dès lors nous devons reconnaître que les cultures sont périssables ; périssables mais toujours en transformation.

Alors, culture chrétienne ? On peut dire que tel moment de la société, tel moment de la vie de l'Église a produit une culture très reconnaissable. Mais :

— Est-elle chrétienne ? Oui, dans la mesure où ceux qui la façonnent sont chrétiens.

— Par quels traits est-elle chrétienne ? Dans la mesure où les exigences de l'Évangile — amour de Dieu et amour du prochain — ont peu à peu pétri les comportements, suscité des œuvres où s'expriment les peurs mais aussi les espérances, les fantasmes mais aussi les vraies lumières données à une génération.

Mais si, au contraire, nous réduisons la culture à n'être qu'un objet, alors la culture chrétienne, *a fortiori* quand nous la mettons du côté de la vie sociale, s'identifie à la contrainte sociale, au conformisme. Il n'y a pas de société sans conformisme ; il est toujours présent, quoi qu'il arrive. La question est de savoir où se situe la liberté et comment ceux qui vivent l'assument et peuvent se comporter par rapport à ce conformisme.

La vraie culture chrétienne dans une civilisation n'appelle-t-elle pas la contestation ou la révolte ? Ce sont, me semble-t-il, les mouvements pendulaires des générations par rapport aux pesanteurs de la production des objets de culture.

Regardons l'histoire de la culture chrétienne de la France, ces deux derniers siècles :
après les destructions de la Révolution française, *Le Génie du christianisme* de Chateaubriand, puis les philosophies spiritualistes du
XIXᵉ siècle, les peintres, etc. Quelles évolutions
en peu de temps !

À chaque occasion, la foi chrétienne
produit des œuvres de culture. Pourquoi ?
Parce que la foi fondamentalement libère
l'homme dans ses puissances spirituelles, en
assumant la condition humaine avec toute son
histoire. Ceci en vertu du mystère de l'Incarnation et de la réalité « sacramentelle » de l'Église
(pardonnez-moi ce mot) ; elle façonne l'existence sans effacer pour autant les stigmates des
péchés, des erreurs, des obscurités.

Nous ne devons donc pas accepter de
réduire l'apport d'une culture chrétienne au
sens que nous avons esquissé, à la pression
sociale d'une culture normative devenue un
moyen d'action majeur du pouvoir politique
des États. Elles sont nécessaires, ces cultures
chrétiennes. En quel sens ? Il est normal que
nous exprimions ce qui est essentiel pour nous,
dans notre vie par les objets que nous
produisons, par les œuvres que nous faisons, par
les rites sociaux que nous observons, par la
manière dont nous nous comportons face aux
puissances de l'esprit humain, et ce en croyants,
mais sans chercher à forcer le trait.

Nous en sommes davantage conscients aujourd'hui, nous savons que la science ne fait pas partie des idées platoniques qui se révèlent d'elles-mêmes ; mais c'est une recherche de l'homme ; l'homme l'oriente, pas seulement selon le désir de son esprit, mais surtout selon son centre d'intérêt : l'argent est un facteur majeur de la recherche avec les investissements qu'elle comporte. Une culture technicienne comme la nôtre joue sa valeur chrétienne sur sa capacité de réfléchir à ces investissements et d'en décider.

La plus grande œuvre du XX$^e$ siècle finissant et peut-être celle du XXI$^e$ siècle, c'est la société elle-même, totalement bouleversée par les découvertes techniques et scientifiques. Les Égyptiens ont fait leurs monuments funéraires. Nous, nous avons créé des autoroutes, des réseaux de communication et toute une manière de vivre dans l'image, avec les conséquences sociales qui en découlent. Voilà notre culture, nous en sommes d'autant plus responsables pour nous et pour la génération qui vient.

Comment vivre en chrétiens dans cette culture ? C'est la question cruciale aujourd'hui. Comment faire en sorte que notre manière de vivre change cette culture dans ses axes et dans ses choix pour qu'ils soient plus respectueux de la dignité humaine et laissent la place suffisante à la liberté de l'esprit pour adorer Dieu et reconnaître son amour ?

*

## Alain Houziaux

Il y a aujourd'hui tout un débat autour de la relation du christianisme avec la culture scientifique. Beaucoup pensent que l'approche scientifique du monde a été rendue possible par la théologie chrétienne de l'incarnation, ainsi que par une certaine forme d'acceptation de la valeur du monde profane. Qu'en pensez-vous ?

## Monseigneur Lustiger

La culture scientifique en Occident est née du terreau chrétien, mais l'Occident n'a pas été le seul à s'aventurer sur cette voie, les Chinois nous ont précédés. Cependant il y a eu une manière chrétienne d'aborder la question, marquée par les évolutions et la crise de l'Occident depuis au moins le XVIᵉ siècle, voire le XIIIᵉ... Tout le débat de la réflexion chrétienne face aux pensées païennes et à la rationalité a permis de déployer la science.

Que le radicalisme de la science soit fondé sur la Bible, je le vois depuis la première page de la Genèse. Oser dire que le soleil est le grand luminaire, le grand bec de gaz, et la lune le petit luminaire, le petit bec de gaz, c'est littéralement leur ôter leur nom d'idole ; ce que fait très délibérément le récit sacerdotal. Le texte hébraïque qui nomme les différents animaux et les différents êtres qui étaient divinisés et qui avaient des noms proches de ceux de divinités, rabote tout ! Du coup, il rend le monde préhensible à l'homme par sa raison, son esprit, et non seulement par sa capacité d'aller aujourd'hui sur la lune !

Cette première page de la Bible, me direz-vous, ce n'est pas l'histoire du christianisme. Détrompez-vous ! Notre athéisme est très spécifique. Pour être athée, il faut connaître l'idée de transcendance afin de pouvoir la nier ! L'athéisme dont ont été accusés les premiers chrétiens qui détruisaient les idoles n'est pas l'athéisme moderne, beaucoup plus radical. En fait, même les négations de la négation s'inscrivent dans cette culture, par le champ de la liberté et de l'intelligence humaine qui se déploient dans l'histoire, pour le meilleur et pour le pire.

Nous n'avons pas de complexe à avoir ; ce serait absurde de ne pas voir comment les choses se sont développées. Vous vous souvenez du jour où Gagarine, depuis l'espace, a dit : « Je suis monté là-haut et je n'ai vu personne, donc Dieu n'existe pas. » Notre père Abraham n'aurait jamais dit une telle sottise ! Pour autant nous n'avons pas démontré par les mêmes moyens qu'Il existait !

## Olivier Abel

Oui, notre athéisme est issu de la culture chrétienne. Mais justement cela me pose une question, une question décisive. Vous avez distingué entre ce qu'il y a de périssable dans les cultures, et ce qu'il y a d'universel dans la culture chrétienne — qui traverse toutes les cultures et les transcende. Cela me touche d'autant plus que dans le protestantisme, nous avons beaucoup insisté sur le périssable. Nous pensons qu'une bonne part du protestantisme est périssable et peut s'effacer sans que nous ayons à le regretter. Mais qu'est-ce qui est périssable dans le catholicisme ?

## Monseigneur Lustiger

Dans l'Écriture (1 Co 13) la réponse est simple : « La science passera, les langues passeront, seule la charité subsiste » dans le mystère de Dieu. Ce qui est impérissable, c'est le Christ lui-même, qui dans notre destinée terrestre nous unit à lui.

Quant à l'Église (je parle pour les catholiques), c'est dans la mesure où elle se reçoit du Christ qu'apparaît ce qui, en elle, est impérissable dans son existence visible. Je pense ici à l'enfantement historique du peuple de Dieu tel que le Christ l'a voulu en fondant l'existence même de l'Église sur les douze apôtres, nouveaux pères selon la foi, chargés d'enfanter le peuple sacerdotal.

Autrement dit, ce qui est impérissable c'est ce que j'ai appelé l'aspect sacramentel de l'Église : l'action du Christ en nous, par nous, au milieu de nous. Je fais référence à sa promesse rapportée par saint Matthieu à la fin de son Évangile : « Je suis avec vous jusqu'à la fin des siècles » (Mt 28, 20).

### Alain Duhamel

Pour moi, ce qui serait impérissable, c'est la non-indifférence. Elle a pu s'observer de façon continue. Elle semble être une des constantes de la culture.

### Alain Houziaux

Olivier Abel, feriez-vous une différence entre la culture chrétienne et la culture protestante ?

### Olivier Abel

Oui, bien sûr. Je vais reprendre le développement du Cardinal, mais à l'envers ! Je commencerai par dire « oui, il y a une différence, car il y a des cultures, et que la foi chrétienne prend dans des figuratifs différents, dans l'histoire, le temps, les époques ». Et en même temps « non », dans la mesure justement où ce sont autant de manières de rendre grâce et de répliquer à la parole qui nous est adressée, l'Écriture n'étant qu'une manière de rendre grâce. C'est presque pour moi une définition de la culture : rendre grâce pour le présent qui nous est donné d'être ensemble, l'interpréter en différant les uns des autres, en saluant les autres formes de gratitude.

## Monseigneur Lustiger

Si nous nous référons à l'histoire de l'Église et même à l'histoire biblique, on voit qu'il y a un combat spirituel dans toutes les cultures, inhérent à leur nature même. À cet égard, dans le débat actuel sur les religions on a tout intérêt à prendre de la distance, parce que, me semble-t-il, les concepts ne sont pas très affinés. Un détour par l'Écriture permet souvent de remettre les choses en place.

Ainsi, on trouve en bien des pages de la Bible la critique prophétique et sapientielle contre l'idolâtrie. Cela veut dire que la foi d'Israël, qui était entrée dans le monde hellénistique avec des extensions vers le Sud ou vers l'Asie, s'en est laissée imprégner (les Septante et combien d'autres témoignages nous le disent) ; mais, en même temps, elle a été un réactif puissant aux autres cultures. La critique venait de l'intérieur : elle ne visait ni l'art romain ou égyptien, ni la manière de gérer la vie politique, mais l'idolâtrie, qui s'était incarnée dans les objets de culture. « Ils ont des yeux et ils ne voient pas, ils ont des oreilles et ils n'entendent pas, ils ont des pieds et ils ne marchent pas » (Ps 115, 14). Les objets de ces cultures sont leurs idoles et expriment ce que les hommes se proposent d'adorer, et ce pour quoi ils veulent vivre. Ils mettent l'absolu devant leur nez en en faisant l'œuvre de leurs mains, comme l'évoque le prophète Isaïe (44, 15-18) : un homme prend un morceau de bois, avec une moitié il fait cuire son repas, l'autre il la sculpte, il fait une idole et se prosterne en disant : « Délivre-moi ; mon dieu, c'est toi ! »

La tradition biblique et *a fortiori* le christianisme, en raison du mystère de l'Incarnation, prennent à bras le corps, dans l'épaisseur de l'histoire et de la chair, cette idolâtrie latente de toutes les générations.

Là est le danger ou plutôt le défi. Là résonne l'appel sans cesse réitéré à la sainteté, l'absolu le plus radical de la parole de l'Évangile, qui opère sur toute culture une critique (*crisis* en grec), un jugement. Toutes les cultures ne sont pas bonnes, certaines peuvent être orgiaques, d'autres agressives. Sparte, pour prendre un exemple antique, était une culture militaire impitoyable (le troisième Reich est allé plus loin !). On voit bien comment les démons peuvent aussi habiter nos cultures, nous habiter. Il y a donc toujours un vrai combat spirituel.

Les œuvres d'art modernes laissent deviner le combat des esprits et comment leurs auteurs, les hommes, s'y sont battus avec ce que la Bible appelle « le bon esprit » ou le « mauvais esprit », l'esprit de destruction, ou d'autodestruction, ou l'esprit de recherche de l'absolu, etc. De ce point de vue, la création culturelle contemporaine est parcourue par un immense conflit spirituel qui va vers le pire comme vers le meilleur, parfois le plus sublime. Quelle œuvre restera par son « classicisme » ? Les derniers avatars sont périssables par nature, les artistes le veulent ainsi, jusqu'à nier l'œuvre pour faire de l'art, offrant leur propre corps comme seul objet d'art. Alors la question spirituelle se pose au premier chef : Quel esprit t'habite ? Que veux-tu ? Que veux-tu dire ? Pour quoi fais-tu cela ? Pour qui ? De qui te fais-tu le disciple ?

# L'EUROPE ET LES RELIGIONS

## par Alain Duhamel

L'Europe et les religions forment un couple indissociable et tumultueux. Historiquement, l'Europe est la fille aînée du christianisme : le Vieux Continent a été le premier à être évangélisé ; c'est sur son territoire que les Églises chrétiennes ont d'abord essaimé, se sont enracinées et fortifiées ; c'est d'Europe que sont partis les missionnaires vers les autres continents ; c'est en Europe que le catholicisme romain a son siège, que les Églises protestantes se sont implantées, que le catholicisme orthodoxe s'est développé après Byzance. Europe et christianisme ont une histoire commune, une culture commune, une mémoire commune. En ce sens, la querelle de la Constitution européenne constitue un authentique paradoxe.

Le projet de traité constitutionnel refuse, notamment sous la pression de la France (représentée en l'occurrence par le président Jacques Chirac et par ses Premiers ministres successifs, de gauche comme de droite) de proclamer les racines chrétiennes de l'Europe. Celles-ci ne font pourtant aucun doute d'aucune sorte : elles ne sont pas les seules racines culturelles de l'Europe. D'autres religions y ont tenu une place significative (le judaïsme, puis l'islam) mais que l'Europe ait eu une histoire chrétienne, c'est un fait qu'il est hypocrite et même pharisien de relativiser. La Grèce et la Rome antiques ont certes formé les racines culturelles originelles de l'Europe. Les Lumières ont, beaucoup plus tard, greffé à leur tour un puissant ajout qui, peu à peu, a pu rivaliser avec les racines chrétiennes, voire parfois les éclipser, en tout cas les concurrencer. Il n'empêche : la trace de l'Histoire est là. L'Europe et le christianisme auront bientôt deux millénaires d'histoire commune. Nous voici au-delà de l'acculturation ! Chipoter l'importance historique du christianisme en Europe n'a donc pas de sens. En en réduisant la portée, le projet de traité constitutionnel européen pêche au moins par omission.

Ceci n'empêche en rien l'Europe d'apparaître en même temps comme le continent aujourd'hui le plus multiconfessionnel et le plus sécularisé. La France n'a pas besoin de craindre pour sa laïcité. L'Europe se divise entre plusieurs religions qui s'épuisent à lutter contre une sécularisation qui gagne sans cesse. La pratique religieuse diminue partout en Europe, parfois vertigineusement comme en France, en Grande-Bretagne, en République tchèque, en Hongrie, dans les pays baltes, en Hollande. Ou, plus exactement, la pratique religieuse catholique et protestante régresse brutalement depuis un demi-siècle, cependant que la communauté musulmane s'accroît sensiblement, que sa pratique s'affirme et distance aisément celle des religions chrétiennes, que le sentiment religieux, que l'identité religieuse se fortifient au sein de la communauté juive, inquiète du développement de l'islam en Europe, anxieuse face aux événements du Proche-Orient. Historiquement, l'Europe reste un continent chrétien, mais d'un christianisme qui se diversifie et qui s'affaiblit depuis le milieu du XX$^e$ siècle, alors qu'il progresse sur d'autres continents et que, sur son propre territoire, l'islam apparaît en nette expansion.

Cela n'empêche pas les Églises chrétiennes et notamment l'Église catholique romaine d'avoir joué, de jouer encore – mais plus modestement – un rôle important dans la construction de l'Europe politique contemporaine. Dans le passé, les Églises chrétiennes sont loin d'avoir toujours exercé une influence politique positive. Si elles ont puissamment contribué à la formation de l'identité européenne, notamment face à l'islam, de la Reconquête espagnole à la lutte multiséculaire contre l'Empire ottoman, ses propres rivalités, ses propres déchirements ont longtemps mis l'Europe à feu et à sang. La guerre de Trente Ans en est peut-être le pire épisode. Les batailles de la Réforme et de la Contre-Réforme, l'instrumentalisation des passions religieuses par des nations et des empires mais aussi, réciproquement, la récupération des passions nationales par les religions chrétiennes ont maintes fois conduit à des conflits atroces et à des persécutions cruelles. Le christianisme et l'Europe ont une longue mémoire commune mais ce n'est pas toujours, tant s'en faut, une mémoire évangélique. L'impitoyable violence des guerres de religion, l'engagement des Églises chrétiennes dans de terribles conflits séculiers n'appartiennent pas seulement au passé lointain.

Si certaines Églises ont incarné vaillamment la conscience nationale de leur pays – on pense bien sûr à la Pologne mais aussi à la République tchèque ou à la Hongrie –, dans d'autres circonstances, parfois très contemporaines, des Églises chrétiennes ont joué un rôle détestable, contribuant encore tout récemment à des guerres barbares, guerres civiles ou guerres nationales : l'Église catholique romaine durant la guerre d'Espagne, les Églises catholique et protestante en Ulster, les Églises catholique et orthodoxe dans les combats atroces de l'ex-Yougoslavie ont fait l'inlassable démonstration que les sentiments religieux, que les appartenances confessionnelles, que les Églises peuvent se dévoyer dans des atrocités qui les déshonorent. Même en Europe, le christianisme, les religions peuvent contribuer à la barbarie, peuvent parfois même l'inspirer.

S'agissant de l'Union européenne, les Églises chrétiennes et, historiquement, tout particulièrement l'Église catholique romaine, ont joué en revanche un rôle extrêmement positif. Dès le départ, elles ont compris que ce que l'on appelle prosaïquement la « construction européenne », de la Communauté européenne du charbon et de l'acier à l'Union européenne d'aujourd'hui, constituait une promesse de paix, de démocratie et, à la longue, de prospérité. La supériorité historique des Églises (qui ne coïncide pas toujours avec le talent politique de leurs dirigeants) tient à son expérience incomparable des mouvements en profondeur, de la longue histoire. Là-dessus, elles possèdent plus de connaissances et parfois de sagesse accumulée au fil des siècles que les États temporels. Après l'abomination irréparable de la Shoah, les horreurs de la Seconde Guerre mondiale, la mauvaise conscience de ne pas avoir su empêcher l'irrémédiable, les Églises, l'Église de Rome en particulier, ont repéré et appuyé la chance unique qui se présentait. C'était un pari historique absolu, puisque sans précédent : des nations tentant librement de s'unir, en toute démocratie, pacifiquement, pour construire ensemble une Union économique, sociale, puis politique et culturelle dans le seul intérêt des peuples qui la composent. Cela ressemble bien sûr à une utopie mais cela incarne aussi une tentative sans précédent historique pour dépasser les conflits d'intérêts nationaux, les préjugés et les égoïsmes ancestraux dans le seul objectif de construire une communauté internationale plus solidaire, plus stable et plus tolérante. Une entreprise, en fait, beaucoup plus audacieuse, beaucoup plus efficace que les Nations unies et que toutes les organisations internationales existant jusqu'ici. Or, dès 1950 et sans défaillance depuis, le Vatican a encouragé constamment cette tentative idéaliste. Jean Paul II, symbole d'une Église polonaise plus forte que le communisme, incarnation d'un catholicisme et même d'un christianisme historique, a pesé de tout son poids en faveur de cette Europe. Des pasteurs d'Allemagne de l'Est, de République tchèque ou de Hongrie ont certes œuvré dans le même sens. Il n'empêche : depuis un demi-siècle que l'Europe cherche à devenir une personne, un acteur international, une communauté démocratique et sociale, le Saint-Siège l'encourage de toutes ses forces et Jean Paul II, déterminant dans l'effondrement de l'Empire soviétique, n'a pas ménagé son appui à l'Union européenne.

Il faut dire que ce n'est pas non plus un choix sacrificiel de la part de l'Église catholique. Les pères de l'Europe d'aujourd'hui étaient en effet des ouailles notoires de la confession catholique romaine : Robert Schuman pour la France, Alcide De Gasperi pour l'Italie, Konrad Adenauer pour l'Allemagne, les principales figures des années 1950 étaient profondément catholiques. Depuis, Jacques Delors, Valéry Giscard d'Estaing et

même, à sa manière voluptueusement hétéro-
doxe, François Mitterrand, tous ces Européens
éminents et actifs étaient autant de catholiques, comme d'ailleurs en Allemagne Helmut
Kohl ou en Italie vingt présidents du Conseil.
L'Union européenne d'aujourd'hui est avant
tout le chef-d'œuvre improbable d'une collec-
tion de catholiques. Les partis démocrates chrétiens allemand, belge, italien, français,
hollandais ont joué un rôle décisif, constamment positif. Certes, les socialistes et les libé-
raux ont eux aussi été dynamiques et influents.
S'il fallait désigner la plus européenne des
familles politiques, ce serait cependant la
famille démocrate chrétienne, d'inspiration
surtout catholique qui l'emporterait. Son rôle
apparaît actuellement moins influent qu'il ne
le fut : le président de la Commission européenne Romano Prodi descend néanmoins de
cette famille-là et Valéry Giscard d'Estaing,
parrain du projet de Constitution européenne,
n'en est pas éloigné. L'Église catholique a pesé
et pèse toujours de tout son poids en faveur de
l'Union européenne. Les partis politiques qui
en sont les plus proches agissent dans le même
sens. L'Église catholique romaine mérite un
brevet d'européisme.

Il est vrai que, sans vouloir lui prêter des
desseins plus machiavéliques qu'ils ne le sont
(mais sans ignorer non plus les ressorts ultimes
de ses choix), si l'Église catholique romaine

appuie la construction européenne, l'Union européenne, elle, constitue le projet politique le plus imprégné de catholicisme. Les catholiques romains se trouvent d'ailleurs désormais en forte majorité au sein de l'Union européenne, grâce à l'élargissement à vingt-cinq et pour la première fois depuis la naissance de ce qui a conduit à l'Union européenne, au sein de la majorité comme parmi les États. Sur les dix nouveaux États membres, l'un est orthodoxe (Chypre), deux sont luthériens (Lettonie et Estonie), sept sont catholiques (Pologne, Lituanie, Slovénie, Malte, Hongrie, Slovaquie, République tchèque). En Hongrie et en République tchèque existent des minorités protestantes importantes. L'Union européenne n'a néanmoins jamais été aussi catholique qu'aujourd'hui. Parmi ses habitants, 82 % se déclarent chrétiens, ce qui ne signifie pas pour autant qu'ils sont pratiquants : en République tchèque par exemple, l'Église catholique, historiquement liée aux Habsbourg, demeure impopulaire. Les catholiques sont, en chiffres ronds, 60 %, protestants et anglicans représentent 20 %, les orthodoxes sont 2 % (leur pourcentage augmentera avec les adhésions programmées de la Roumanie et de la Bulgarie) ; les musulmans (douze millions) représentent 2,5 % de la population totale, les juifs (un million et demi) vivent pour la plupart en France et en Grande-Bretagne. L'Union européenne demeure donc d'imprégnation chrétienne, à dominante catholique romaine. Elle le découvre même plus que jamais.

Le projet de traité constitutionnel garantit évidemment la liberté religieuse la plus totale dans son article 51, de même qu'il respecte pleinement la liberté de conscience des athées et des agnostiques : en démocratie, cela va de soi. La multiplicité des statuts nationaux des différentes Églises n'en demeure pas moins spectaculaire. Si l'Union européenne garantit la liberté religieuse la plus totale, chaque État-nation conserve ses caractéristiques, extrêmement différentes d'un pays à l'autre. Dans six États membres sur vingt-cinq subsiste une religion d'État qui peut être catholique (Malte), orthodoxe (Grèce), luthérienne (Danemark, Finlande, Suède), anglicane (Royaume-Uni). La reine d'Angleterre a l'originalité d'être le chef nominal de l'Église établie, anglicane en Angleterre, presbytérienne en Écosse. Certaines constitutions nationales font explicitement référence à Dieu (Irlande, Pologne, Grèce, Royaume-Uni, Allemagne). En Grèce, le passeport mentionnait encore récemment la religion et la toute petite minorité catholique romaine n'avait en pratique pas accès à la fonction publique. Dans quinze pays sur vingt-cinq existe un concordat avec le Vatican (Autriche, Espagne, Portugal, Italie, Pologne, Malte, Luxembourg, Hongrie, Estonie, Lettonie,

Lituanie, Slovaquie, Slovénie mais aussi la France pour l'Alsace-Moselle et l'Allemagne pour quatorze *Länder* sur seize). Le Parlement tchèque a refusé de ratifier le concordat signé par le gouvernement. Là où une Église représente une religion d'État et, à un moindre degré, là où existe un concordat avec le Vatican, elle bénéficie de nombreux privilèges juridiques et matériels (liberté d'enseignement, liberté des congrégations religieuses, aides financières publiques, prise en charge du clergé, etc).

D'autres États membres professent en revanche le principe de la séparation des Églises et de l'État (Hongrie, Slovaquie, Slovénie, République tchèque, Lettonie et Portugal). Un seul État pousse ce principe jusqu'à se déclarer constitutionnellement laïc : c'est évidemment la France. La liberté religieuse y est absolue, avec néanmoins une vigilance plus grande qu'ailleurs vis-à-vis des sectes, une hostilité proclamée à l'égard des communautarismes (au nom du principe d'intégration) et une méfiance instinctive en direction des intégrismes, musulman en particulier. Certains imams (on avance le chiffre de 10 %) prônent en effet le recours à la violence, totalement incompatible avec la loi républicaine. Quelques-uns sont expulsés du territoire de la République, d'autres, plus nombreux, sont surveillés. La République n'admet ni contestation de ses lois au nom de préceptes religieux, ni, *a fortiori*, appels à la violence, même rhétoriques (mais néanmoins fort dangereux), au nom de la liberté d'expression. En ce sens, la France laïque apparaît beaucoup plus rigoureuse que ne l'est par exemple la tradition anglo-saxonne. La France n'est pas anti-religieuse : la loi de 1905 (d'ailleurs modifiée en 1906, 1907, 1923/1924 puis 1959), favorable à l'Église catholique par son évolution, est en réalité appliquée avec tolérance.

Nombre d'associations culturelles musulmanes sont discrètement aidées par les municipalités. La construction de la cathédrale catholique d'Évry a été traitée avec bienveillance. L'État entretient des relations officielles et cordiales avec les différents cultes. L'instauration d'un Conseil français du culte musulman en constitue la plus récente illustration. Dans ses détails, le régime juridique actuel avantage discrètement l'Église catholique. Dans ses principes, il traite équitablement toutes les religions. L'affaire du voile islamique a soulevé beaucoup d'incompréhension hors de France. La décision d'interdire dans les établissements scolaires publics les signes religieux ostensibles correspond néanmoins clairement à la tradition de neutralité de l'enseignement public français. Les Églises chrétiennes s'en sont émues. Elles ont tort : en France, les lois s'imposent aux préceptes religieux depuis la Révolution et l'Empire (et même, discrètement, auparavant avec le gallicanisme). La revendication du port du voile en classe est une nouveauté, manifestement liée aux mouvements fondamentalistes. Certains prétendent que le respect de l'islam l'impose : la pratique turque et tunisienne ou la tradition marocaine démontrent le contraire. Au demeurant, c'est à l'islam de s'adapter à la République laïque et non pas à la République de se plier aux demandes des fondamentalistes de l'islam. Les autorités religieuses musulmanes reconnaissent d'ailleurs qu'un musulman vivant en pays étranger chrétien doit respecter les lois de l'État où il se trouve. Il ne faut pas être hypocrite : la loi sur le voile islamique ne va pas régler tous les problèmes, des contentieux subsisteront, des procès auront lieu, des polémiques éclateront. L'interprétation de la loi peut être pragmatique. Sur le fond, les principes constitutionnels doivent avoir le dernier mot et c'est aussi le message de cette loi.

La querelle autour du voile islamique témoigne ainsi à sa manière de l'extrême diversité des statuts religieux au sein de l'Union européenne. Le Vieux Continent a une longue histoire religieuse qui aboutit aujourd'hui à une grande complexité. Cette complexité tient au caractère multiconfessionnel d'une Europe néanmoins institutionnellement laïque. L'Union européenne reconnaît sans réserve la liberté religieuse mais, en tant que telle, se montre absolument neutre. On constate cependant, en France notamment, qu'avec la question de l'adhésion de la Turquie, cette neutralité peut être bousculée. Chacun comprend qu'en fait, derrière les arguments historiques et géographiques (seule la Thrace se trouve physiquement en Europe mais le passé de l'Europe chrétienne et celui de l'Empire ottoman sont inextricablement liés), c'est l'entrée de soixante-dix millions de musulmans en Europe qui effarouche, effraie ou indigne. En réalité, la porte de l'Europe est entrebâillée vers la Turquie depuis 1963. Au Conseil européen de Copenhague, les chefs d'État et de gouvernement ont admis la candidature officielle d'Ankara. Cet automne 2004, la commission de Bruxelles devra présenter un état des lieux et une proposition de réponse. En décembre 2004, le Conseil européen tranchera. Il est probable qu'il enregistrera les progrès effectués par la Turquie pour correspondre aux critères d'adhésion mais qu'il ne les jugera pas suffisants. La réponse définitive sera vraisemblablement fixée lors d'une étape ultérieure. Il faudra encore une longue phase de transition. La Turquie n'appartiendra pas à l'Union européenne avant peut-être 2020 mais elle a, selon les critères laïcs, vocation à le faire et le plus probable est qu'elle finira par y faire son entrée. Ce qui s'y oppose le plus mais ne peut être pris en compte officiellement, c'est la mémoire chrétienne des guerres et des conquêtes (réciproques, cela va de soi) et

la peur qu'un jour, avec son expansion démographique prévue, la Turquie ne devienne l'État
le plus peuplé de l'Union européenne. En
France, où la communauté musulmane est déjà
plus nombreuse que dans les autres pays de
l'Union, cette appréhension-là est plus forte
qu'ailleurs. Pour que la France puisse accepter
un jour l'entrée de la Turquie au sein de
l'Union européenne, il faut en tout cas que la
laïcité républicaine, celle de la France et celle de
la Turquie, soit consolidée et non pas affaiblie.
La mémoire religieuse de la France passe ainsi
par le détour faussement paradoxal de la laïcité.

La nouvelle contradiction de l'Europe et
des religions tient à l'opposition de deux
mouvements, l'un et l'autre profonds mais
allant en sens visiblement opposé : la sécularisation croissante de l'Europe d'un côté, la
montée des fondamentalismes qui y effectuent
une percée de l'autre. L'Europe apparaît
aujourd'hui comme le continent le plus sécularisé du monde. Les croyants y sont moins
nombreux qu'ailleurs et surtout les pratiquants
y sont beaucoup plus rares. Un sondage récent
vient de l'illustrer : 69 % des Américains
proclament avoir une foi sans faille en Dieu,
mais seulement 36 % des Européens et 20 %
des Français. La formulation de la question est
certes exigeante mais elle l'est pour tous,
Américains comme Européens. D'ailleurs, des
sujets comme le divorce, l'avortement, le

mariage homosexuel prouvent bien que sur le Vieux Continent, l'autorité des préceptes religieux ne cesse de reculer. Cependant on enregistre – en partie par réaction, en partie par contagion de mouvements plus vastes venus d'ailleurs – une montée des fondamentalismes religieux. Elle est très perceptible chez les musulmans et les juifs vivant au sein de l'Union européenne. Elle l'est aussi chez une minorité de chrétiens, protestants évangéliques et catholiques traditionalistes par exemple. L'audience en Pologne de Radio Maryja (cinq millions d'auditeurs) prouve bien que le phénomène n'est pas marginal. Au sein d'une Europe sécularisée, de plus en plus sécularisée, la mémoire religieuse reste forte, l'influence des Églises reste enviable et les progrès des fondamentalismes deviennent des phénomènes sociaux significatifs et inquiétants dans une société multiconfessionnelle.

## Monseigneur Lustiger

À la naissance de l'Europe, il y a non seulement un patrimoine historique commun mais aussi des guerres affreuses. Cependant, une chose est propre à la dimension chrétienne de l'Europe : la volonté de réconciliation, dont les chrétiens ont reçu la révélation – je dis bien « la révélation » – car c'est Dieu qui nous convertit pour que nous puissions être convertis selon la parole du prophète (Jr 31, 18) : « Fais-moi revenir à toi, Seigneur, que je puisse revenir. »

En effet, pour ceux de nos contemporains qui étaient déjà conscients de ces questions au moment de la Communauté européenne du charbon et de l'acier (1951), il était clair qu'il ne s'agissait pas simplement d'un projet économique, mais essentiellement de « briser les épées pour en faire des charrues », selon les mots mêmes des prophètes (cf. Is 2, 4 et Mi 4, 3). Le charbon et l'acier, c'était la Ruhr et les armes ; les mettre en commun entre la France et l'Allemagne, c'était réconcilier des ennemis séparés par des guerres impitoyables, des haines, des ressentiments qu'une génération n'a pas réussi à épuiser totalement. Là, prophétiquement, si je puis dire, les politiques nous ont précédés.

Le concept chrétien de réconciliation fait partie du destin de cette Europe-ci et de la construction européenne. Et ce n'est pas la neutralité, ni l'asepsie en matière de religion qui peut donner corps à l'Europe !

En fait, je ne crois pas qu'il y ait des raisons théologiques de dire ceci ou cela au sujet de l'Europe, car, à mon avis, elle n'est pas matière à théologie puisqu'elle est d'abord un fait. On peut toujours théologiser après coup une situation de fait, essayer de la lire à la lumière de la Parole de Dieu. Mais déduire de la Parole de Dieu une ligne d'action dans ce domaine, je ne m'aventurerai pas jusque-là !

En revanche, il me semble que dans le cas précis de la Turquie, un bon exemple, il faut mettre sur la table tout le passif, pour les peuples concernés. On doit pouvoir dire explicitement ce que treize siècles d'histoire européenne ont accumulé comme confrontations, dans les deux sens parfois, entre des pays d'islam – comme la Turquie, l'ancien Empire ottoman. Il ne faut pas oublier – ce n'est pas si vieux : 1683 – que les Turcs étaient sous les remparts de Vienne, et que c'est un général polonais, Sobieski, commandant les troupes suédoises, qui a délivré cette ville de façon soudaine et surprenante. C'est plus frais dans nos mémoires que la bataille de Poitiers qui est, paraît-il, légendaire ! Il faut aussi s'expliquer sur la difficulté qu'éprouve la Turquie à régler sa sécularisation.

Comment ferons-nous si, sous prétexte de neutralité, nous ne parlions pas de cette histoire chrétienne et musulmane qui marque l'Europe ? Il faut que le peuple turc nous dise ce qu'il veut, ce qu'il a vécu et que nous le lui disions, nous aussi. Ne faisons pas comme si de rien n'était ; car le refoulé est toujours puissant !

**Olivier Abel**

Les Français protestants ont une double dette historique envers l'Empire ottoman. En effet, François I$^{er}$ a tenté de rompre l'encerclement en passant alliance avec Soliman le Magnifique, et les Princes protestants ont fait de même parce que, du fait de la Contre-Réforme, ils étaient pris dans un étau d'une très grande puissance. Les protestants français n'ont donc pas la même mémoire que la Pologne et l'Espagne ! C'est normal, et c'est très important de faire travailler toutes ces mémoires à entrer ensemble dans la maison commune. Il faut qu'elles se racontent.

**Alain Duhamel**

Le Cardinal Lustiger a raison de rappeler la mémoire des guerres de religion en Europe parmi les autres guerres. Ce que représente aujourd'hui la réconciliation des peuples européens est une garantie à la fois de liberté de conscience, de liberté religieuse, de paix et de démocratie. En même temps il faut garder à l'esprit le fait que la religion peut toujours être, de façon identique à ce qui pouvait exister à l'époque de la Renaissance, instrumentalisée par des désirs de guerre. S'il fallait en donner deux exemples, qui sont d'ailleurs patents et bien connus, et qui ont l'avantage de couvrir toutes les confessions européennes, ce qui se passe en Ulster entre catholiques et protestants, — au nom d'un catholicisme et d'un protestantisme ! –, ou ce qui s'est passé en ex-Yougoslavie – en Croatie entre catholiques romains et orthodoxes, en Bosnie entre musulmans et orthodoxes – suffirait ! Il n'y a pas besoin de creuser très profond pour pouvoir ressusciter les mêmes comportements et les mêmes instincts, et les mêmes récupérations, voire – pour être honnête – les mêmes complicités religieuses, puisqu'il faut bien dire que dans les deux exemples cités les Églises elles-mêmes sont loin d'avoir agi comme des acteurs poussant à la réconciliation et à la paix. Elles se sont identifiées avec une rapidité inquiétante à la cause pseudo-nationale qui les opposait.

Une deuxième chose. S'il est vrai que les Ottomans sont allés jusqu'aux portes de Vienne et ont failli les emporter, et s'il est vrai que la victoire totalement inattendue et extraordinairement spectaculaire a donné l'impression d'être un coup du destin, il faut bien dire que si les Ottomans étaient là, c'est parce que les Français leur avait demandé de les aider de leur mieux. C'est donc nous qui les avons fait venir. De ce point de vue, les rapports entre les chrétiens européens et les Ottomans sont assez compliqués… !

Dernière remarque. Quand j'entends le Cardinal dire « il faudrait que les peuples échangent leurs mémoires, leurs expériences, leurs valeurs, la façon de s'entre-regarder », toutes choses avec lesquelles je suis totalement

d'accord, mais, étant de par ma profession beaucoup plus prosaïque que lui, je me dis que, si
vraiment il faut cela en ouverture des négocia-
tions, nous avons un bon siècle devant nous !

**Monseigneur Lustiger**
Que faites-vous des médias ?

**Alain Duhamel**
Je ne les surestime pas !

# DIEU FAIT-IL DE LA POLITIQUE ?

## par Olivier Abel

Je ne sais pas si Dieu fait de la politique. Nous ne le savons pas. Et nous sommes condamnés à interpréter cette question, à partir d'une histoire des diverses interprétations déjà inscrite dans le texte biblique et à laquelle les grandes époques ont ajouté leurs propres chapitres, comme dans un grand livre à plusieurs mains. On sait seulement qu'en répondant trop massivement « oui », nous sacralisons le politique et nous basculons vers des synthèses césaro-papistes, ou vers des théocraties ; mais le christianisme parle d'un « royaume » qui n'est pas de ce monde. Si d'autre part nous répondons trop massivement « non », une sorte de repli vers l'intériorité va s'opérer, ce qui, finalement, aboutit à une fuite, un retrait hors du monde abandonné à sa méchanceté. Le christianisme propose-t-il un tel retrait du monde ? Je ne le crois pas non plus. Tout au long de sa pensée, Paul Ricœur s'est posé cette question, et je voudrais ici prendre appui sur sa réflexion. Paul Ricœur a été à plusieurs reprises un lecteur attentif de l'épître de Paul aux Romains, et notamment de ce passage de Romains 13 où il est question de la soumission aux autorités.

## Deux lectures de Paul par Karl Barth

Historiquement, cette interprétation doit être située face à l'événement, et d'abord à partir d'une première date : 1919, l'année de la publication par le théologien Karl Barth de son Commentaire de l'épître de Paul aux Romains. C'est une époque de crise politique en Allemagne, et le commentaire de Karl Barth est *anti-politique* : non, Dieu ne fait pas de politique, il n'est le dieu d'aucun État. On ne peut plus inscrire « Dieu avec nous » sur le casque des soldats, ce n'est pas possible. Barth refuse l'identification théologique d'une cause nationale ; il ne faut pas politiser le divin, ni théologiser le politique. Et Paul Ricœur, dont le père est mort à la guerre, grandit orphelin dans un contexte où la prédication barthienne trouve un grand retentissement. On a indûment sacralisé une cause ridicule. Pupille de la nation, Ricœur devient pacifiste, et son père est donc mort pour rien.

Dans cette première posture, le politique est indifférent, il ne faut plus trop y croire. Plus exactement, le politique est profondément ébranlé, mais il est maintenu dans son ébranlement : en attendant la fin du monde, les États servent à conserver. On se réinstalle dans une durée provisoire qui est la réinstitution de l'ébranlé. Affirmant cela, Karl Barth réactive et mobilise les ressources d'une grande tradition, l'un des deux grands pôles entre lesquels oscillent les traditions protestantes, *la théologie des deux règnes*. C'est l'idée qu'il ne s'agit pas de chercher le Bien ou de faire le bonheur des peuples, mais simplement de maintenir l'ordre le moins nuisible et le moins injuste possible. À la limite il vaut mieux un ordre injuste que pas d'ordre du tout. Il y a derrière tout cela un sentiment aigu de la fragilité des institutions. Elles servent à conserver, à maintenir, à éviter le chaos. Paul Ricœur a toujours gardé ce sentiment-là.

Il y a ici un risque cependant que Paul Ricœur a souvent pointé, c'est de tirer de cette théologie une idéologie du maintien de l'ordre à tout prix, et ce mensonge peut finir par dissimuler les conflits et les violences. Finalement, les Églises protestantes, pour commencer par balayer devant notre porte, ont pu ainsi coexister relativement tranquillement avec le nazisme, avec le stalinisme, etc.

C'est pourquoi il y a un deuxième Karl Barth qui apparaît avec les déclarations des Églises confessantes, et dans un texte de la revue *Existence théologique aujourd'hui* paru en juillet 1933. Il prend appui sur son commentaire de l'épître aux Romains, disant qu'il faut toujours observer une distance, une réserve par rapport à l'ordre instauré par l'État. Mais il prolonge et corrige : il voulait dire qu'on n'est jamais complètement patriote, citoyen, partisan : il ne s'agit pas de conserver l'État à n'importe quel prix. L'État peut éventuellement être mauvais et il faut savoir parfois déclarer la guerre à son ordre impérial, fondé sur le droit souverain d'exception, le droit de déclarer le meurtre permis, justifié, ordonné – le droit de déclarer la guerre. Il faut alors montrer qu'il ne s'agit que d'une façade, comme Paul le démontre de la puissance romaine. Tout cela est périssable et, un jour, va passer. La seule chose qui soit exceptionnelle, c'est l'Église. Il y a donc un rappel eschatologique de la seigneurie unique du Christ, de l'Église. La théologie et l'Église, écrit-il en 1933, sont « la limite naturelle de tout État, même de l'État total ».

Or, c'est justement vers la même période que l'on voit Paul Ricœur entrer dans une sorte de résistance, et basculer complètement dans le réarmement du politique après 1936 et les débuts de la guerre d'Espagne : on ne peut pas laisser le magistrat désarmé face au fascisme. On doit se mêler de politique. Paul Ricœur est proche d'André Philip et devient militant socialiste chrétien, il opte pour une attitude de vigilance critique par rapport au politique. Dans le sens de ce barthisme-là, je pense à la fameuse prédication de Roland de Pury, à Lyon en 1944, intitulée « l'Église, maquis du monde ». Il ne s'agit pas de prendre le pouvoir, mais d'organiser la résistance en attendant le grand débarquement du Royaume.

Dans cette deuxième figure, Karl Barth mobilise les ressources de l'autre pôle des traditions protestantes : *la théologie de la seigneurie unique du Christ*. Il s'agit de rouvrir dans ce monde la promesse, les signes du Royaume de Dieu, de critiquer l'ordre existant et d'établir le droit de rompre le contrat, d'entrer en dissidence. Ce droit de rompre et de recommencer ailleurs est très important dans la tradition protestante, et notamment dans la tradition puritaine des colonies américaines. Il y a dans l'imaginaire protestant quelque chose qui est plus grec que romain. La figure politique romaine, c'est la figure de la continuité de l'autorité, dans le Sénat, une continuité qui n'a pas le pouvoir mais qui autorise les actes du politique. Alors que dans la tradition grecque, il y a quelque chose comme un perpétuel recommencement. On refait des colonies ailleurs. On refonde. Il est important pour notre réflexion de ne pas séparer ces deux faces. Il faut penser les deux ensemble.

Cette « tradition » privilégie sans cesse le droit de dévier et de recommencer, d'imaginer une nouvelle figure de la Cité. Elle vise à convertir l'imaginaire politique en ébranlant les présuppositions admises, en bouleversant l'ordre des catégories, des règles et des priorités, et en cherchant à recommencer le politique autrement. Elle vise à rouvrir le sens du possible, l'imagination, à donner à sentir à tous la plasticité des institutions, la faculté de les refaire ensemble. Le risque est alors utopique, l'utopie du tout ou du rien qui pourrait donner des formes presque sectaires, où l'on ne chercherait plus qu'à sortir de la société pour dresser un camp de toile dans la nuit, en marge – le camp du Royaume de Dieu.

## Le paradoxe politique selon Paul Ricœur

Cette double lecture de Karl Barth, qui s'appuie donc sur une double lecture de la tradition protestante, nous aide à mieux comprendre la position apparemment complexe de Paul Ricœur, et à revenir à nous aujourd'hui. On aura compris que ce que je propose est une équation. Il faut tenir ensemble face au double péril : ni se retirer du politique au prétexte que le monde est mauvais, au risque de tout laisser faire, ni affirmer la seigneurie impériale d'une théologie politique, au risque de virer vers la théocratie. Aujourd'hui, il nous faut trouver un équilibre entre le risque de désaffection du politique et celui du « tout politique » qui sans cesse resacralise le politique.

En 1919, répondant à une recension de son livre par un théologien libéral, Paul Wernle, qui prenait la défense de l'État, Karl Barth écrivait que le morceau difficile était le chapitre 13 de l'épître aux Romains, avec sa soumission aux Autorités. La difficulté est que « dans l'ensemble de l'épître ce passage se tient là curieusement isolé : à l'intérieur et cependant à l'extérieur » de l'épître. C'est ce « dedans-dehors » qui retient mon attention. En mai 1957, juste après le coup de Budapest, Paul Ricœur écrivait dans la revue *Esprit* un texte appelé « Le paradoxe politique ». Il se terminait ainsi : « Le problème central de la politique, c'est la liberté. Soit que l'État fonde de l'intérieur la liberté par sa rationalité, soit que la liberté limite de l'extérieur les passions du pouvoir par sa résistance. » Quand j'avais 15 ou 16 ans, après mai 68, j'avais apporté à mes camarades de lycée ce texte qui avait aidé certains d'entre nous à ne pas basculer sur l'un ou l'autre des deux versants de cette ligne de crête.

Il est important de penser les deux. Nous sommes trop longtemps restés captifs d'une alternative ruineuse. Soit il s'agissait de penser l'État, l'institution, dans une sorte de conservatisme politique. Soit il s'agissait de penser la révolution messianique, ailleurs, en dehors de vieux monde vermoulu dont il vaut mieux hâter la destruction... Mais si l'on suit l'incroyable double mouvement de nos lectures, il faut en même temps penser l'eschatologie, et donc la résistance, le maquis, et penser l'institution, l'installation ordinaire, durable, pour plusieurs générations. C'est ce que Paul pensait, me semble-t-il.

Chez Paul Ricœur, ce paradoxe prend la forme suivante. Il faut en même temps penser la rationalité de l'État de droit, la participation citoyenne à l'institution. C'est très important pour la démocratie, qui porte l'idée qu'il n'y a pas que des guerres, des états d'exception, mais que le politique est beaucoup plus ordonné à l'expression de conflits plus ordinaires, plus fondamentaux, de désaccords avec lesquels on doit faire durablement et que l'on doit rendre négociables, sinon même régulateurs. Il s'agit de rechercher ensemble et d'honorer les conflits qui seraient les plus représentatifs.

Dans le même temps il faut penser la résistance à l'irrationalité du politique, aux passions du pouvoir, aux abus du système. Cette vigilance consiste, précisément, à ne pas vouloir politiser ce qui est en marge du politique. Il existe en effet une espèce de « politisme » qui est à la politique ce que le « moralisme » est à la morale, un discours qui met son nez partout et veut tout annexer à sa seule forme de raisonnement. Et il est essentiel, pour le politique même, de faire la place à l'apolitique, à l'antipolitique. C'est ce que l'on trouve d'une part dans la plainte tragique et, d'autre part, dans la promesse prophétique.

## La plainte et la promesse

J'évoquerai d'abord la plainte tragique. Comme Antigone face à Créon, la tragédie en effet fait entendre la plainte anti-politique. Il est à noter qu'il s'agit ici davantage d'une voix que d'un discours. C'est le rappel qu'il y a du deuil, de la fatigue, de la souffrance, de l'absurde, de l'horreur. Il n'y a pas que le consensus du progrès, la croyance politique qu'il y a toujours une solution. La tragédie rappelle que sous les prescriptions, les amnisties et les consensus politiques, il y a de la violence. Elle rappelle l'origine violente de tout État, et que cette violence est continuée, que l'État ne peut faire longtemps sans. Elle rappelle au spectateur ce qui borde le politique et l'ensemble des affaires humaines : la mortalité ; les limites ; la vulnérabilité ; le manque d'intelligence. Le fait que nous soyons tous mortels. En ce sens-là, elle fraye en moi un chemin au sentiment que l'autre est comme moi, fragile et mortel. Aujourd'hui, ce qui est grave, c'est que c'est le Front national qui s'est emparé de cette fonction, de dire l'a-politique, ou l'anti-politique.

Pour achever mon propos, je dirai que le prophète, lui aussi, rappelle l'origine violente des États, le fait que des conflits fondateurs sont oubliés, et qu'il faut les rappeler. Parce qu'il est capable de voir sans ressentiment l'étendue, la largeur, la profondeur des malheurs du passé, il est aussi capable de voir ceux du présent, ceux qui ne sont pas finis, les malheurs qui viennent à une vitesse terrible mais qui sont comme encore cachés par d'autres, qui sont déjà là mais ne sont pas encore vraiment apparus. Le prophète peut être aveugle, mais il voit ce que les autres ne voient pas : l'imminence de nouveaux malheurs, parce qu'il n'a pas la hantise des malheurs passés.

Mais le prophète est aussi celui qui rappelle les bonheurs oubliés, et les promesses de bonheur lancées dans le passé et pas encore tenues, accomplies jusqu'au bout. C'est aussi une fonction prophétique importante. Le prophète, c'est enfin celui qui nous délie des promesses et qui délie Dieu des promesses dangereuses. J'ai très souvent trouvé cela dans le judaïsme. Il nous faut consentir à la fugacité du bonheur. Quand on veut s'accrocher à tout prix à un bonheur, à une promesse, on transforme cette promesse en menace. Nous délier des promesses non complètement tenues lorsqu'elles deviennent des poids mortels, c'est ce qu'il y a de plus délicat, et pourtant c'est politiquement vital et parfois fondamental.

## Monseigneur Lustiger

Je souscris substantiellement au fond de cet exposé remarquable. Je ferai seulement deux brèves remarques.

La réflexion théologique sur la politique propose, du point de vue catholique, l'œuvre majeure de Gaston Fessard. Il faut citer également Henri-Irénée Marrou, très proche de Paul Ricœur ; historien de l'antiquité chrétienne, il fut le maître de nombreux universitaires ; son inspiration augustinienne structure sa réflexion sur la théologie de l'histoire.

Ma seconde remarque est une affirmation : la politique n'est pas une activité de l'homme qui échappe à la morale. Là aussi le jeu des valeurs joue partout puisqu'il s'agit de responsabilités exercées sur le corps social. Cette affirmation est très contestée aujourd'hui pour toutes sortes de raisons. La première, c'est qu'il n'y aurait plus de morale universelle qui s'imposerait à toute conscience comme à l'époque classique en Occident. Mais, c'est aussi que la technicisation autonomise la politique en une pratique qui, après coup, donne raison à Machiavel. Il faut nous rappeler avec force, nous chrétiens, que Dieu nous dit par ses commandements quel est l'agir humain digne de l'homme. Et la politique est un agir humain : c'est sa grandeur.

**Alain Houziaux**

Le protestantisme français a longtemps eu la réputation d'être plutôt à gauche. Apparemment, on le dit beaucoup moins maintenant. Pourquoi ?

**Alain Duhamel**

Le protestantisme n'a pas seulement eu la « réputation » d'être plutôt à gauche, il a été plutôt à gauche ! Depuis que les républiques existent, que les hommes s'engagent et que les protestants ont participé à la vie publique – ce qui est naturellement par principe postérieur à la Révolution –, depuis qu'ils votent, l'équilibre politique des protestants est au centre gauche. Il ont fourni assez peu de révolutionnaires ou de militants d'extrême gauche. En revanche, on le sait par la géographie électorale puisqu'en étudiant canton par canton, on voit que dans le même département, deux cantons voisins dont l'un est de culture protestante et l'autre de tradition catholique votent l'un à gauche et l'autre à droite.

Ce n'est donc pas un mythe mais une réalité. Il faut y ajouter un fait historique : les protestants français ont joué un rôle essentiel dans l'enracinement de la République, et beaucoup de ce qui est devenu la laïcité a largement été imaginé et mis en œuvre par des protestants ou par leurs proches, même si cela a fini au fil des temps, des circulaires et des lois succédant

à des lois, par une sorte de discrimination positive en faveur des catholiques.

Pourquoi cela existe-t-il moins
aujourd'hui ? Pour deux raisons principales. La
première, c'est que les protestants se sont trop
bien intégrés. En France, les protestants
aujourd'hui ne sont plus ni de près ni de loin,
ni directement ni indirectement une minorité
souffrante. Il y a une mémoire historique lointaine. Il n'y a plus l'ombre d'un ostracisme à
leur égard, ce qui les différencie de beaucoup
d'autres minorités qui, elles, ont le sentiment
de souffrir encore de formes d'injustices.

L'autre chose, c'est que dans la société
française sécularisée, si la culture dominante
reste catholique et si l'organisation sociale est
laïque, beaucoup des valeurs sont en fait des
valeurs protestantes. Je ne dis pas qu'elles sont
le monopole des protestants, mais ce sont des
valeurs que les protestants ont partagées, et
quelquefois formulées avant les autres. De ce
point de vue, lorsqu'ils entendent des politiques – au sens large – reprendre des valeurs
comme l'individualisme, les droits de l'homme,
un rapport particulier entre la responsabilité et
la solidarité, ils peuvent difficilement s'y
opposer, parce que d'une certaine manière, c'est
leur miroir qu'ils ont l'impression de regarder,
quand ils sont orgueilleux, ce qui, comme
chacun sait, arrive rarement aux protestants !

## Olivier Abel

En France, le gaullisme et la Résistance ont beaucoup brouillé les cartes. Cela a pas mal changé, et on a mis du temps à voir combien ils avaient bouleversé le paysage.

Quant à la manière protestante de se rapporter au politique, j'insisterai sur l'éthique de responsabilité, qui a notamment guidé l'action de Michel Rocard. Comment penser ensemble l'éthique de responsabilité et l'éthique de conviction, pour citer la conférence de Max Weber ? J'aurais d'ailleurs pu faire un exposé sur la pensée de Paul Ricœur à partir de Max Weber plutôt qu'à partir de Karl Barth.

L'éthique de responsabilité et l'éthique de conviction. En fait derrière l'éthique de conviction quelque chose d'autre s'est glissé dans la culture protestante, c'est l'éthique d'interrogation. L'éthique d'interrogation, c'est le fait qu'existe une attitude interrogative. En amont de la responsabilité politique, c'est cela qui caractérise la démarche protestante.

## Alain Houziaux

Pensez-vous que l'implication du religieux sur la politique se fait uniquement par le biais de la morale ou bien le théologique implique-t-il directement une attitude politique ?

## Olivier Abel

Il y a une dimension morale, personnelle, individuelle, mais il y a une dimension directement institutionnelle, politique, collective. Il faut avoir un sens plus épique du malheur – pour citer Paul Ricœur – et du bien. Il n'y a pas que du bien individuel, très privé et très moral, mais aussi du bien commun, et proprement politique. L'institution est aussi un lieu par où passe la rédemption.

# ÉTAT ET RELIGION

## par Pierre Joxe

Les relations entre Église et État, cela évoque naturellement des choses précises en France et dans les autres pays où l'Église catholique est très présente. Car le pouvoir spirituel cherche à régenter le temporel – le pouvoir politique – ou inversement. Le pouvoir politique cherche à contrôler, à influencer la religion, ou les religieux, à les influencer ou à les contrôler. Cet aspect politique, dans l'histoire, prend des tournures fort différentes. On ne peut pas se contenter de la distinction des deux règnes (pouvoir politique et règne de Dieu), pour reprendre les paroles de Luther, à partir de la réponse fameuse du Christ aux pharisiens : « Rendez à César ce qui est à César et à Dieu ce qui est à Dieu » (Marc 12, 17 ; Luc 20, 25). Cette réponse est plus ambiguë qu'elle n'en a l'air, car en réalité, Jésus ne répond pas à la question.

La question est : « Faut-il payer l'impôt ? » et la réponse : « Dépouillez-vous de tous vos biens. » Littéralement on devrait appliquer à toutes les pièces de monnaie que l'on détient, la règle selon laquelle, si l'on y voit la tête de César, il faut s'en débarrasser... Jésus répond très au-delà de la question : « Faut-il payer l'impôt ? »

On peut comprendre : oui, il faut payer l'impôt. On peut comprendre aussi tout autre chose, à savoir, ce qui est le plus important, c'est de « rendre à Dieu ce qui est à Dieu ».

La distinction des deux règnes opérée par Luther est apparemment quelque chose de très clair et de très simple. En réalité, c'est beaucoup plus complexe, comme on le verra pendant « la guerre des paysans » en Allemagne.

J'évoquerai en trois points cette question des rapports entre religions et États. D'abord en faisant un peu d'histoire, pour rappeler que l'interférence réciproque entre religion et politique était la règle quasi absolue dans les sociétés antiques.

Aujourd'hui, au contraire, cette règle est théoriquement abolie dans les sociétés démocratiques contemporaines. Cette problématique a été au cœur de la construction des États modernes.

J'examinerai ensuite le cas particulier de la France, non seulement parce qu'il nous concerne en tant que Français, mais parce qu'il est un cas original et particulier, dans l'Europe et dans le monde. J'aborderai enfin le cas particulier de l'islam, pour des raisons d'actualité, mais aussi parce que l'islam est, dans l'histoire, une religion dont les racines sont très politiques. On en trouve les traces aujourd'hui.

## États et religion dans l'Antiquité

L'interférence entre l'État et la religion était la règle dans l'Antiquité. Aujourd'hui, la règle c'est le contraire. Ce que l'on sait de l'Égypte ancienne ou de la Grèce antique, voire d'États plus proches de nous dans le temps, mais éloignés sur le plan culturel, comme les grandes structures étatiques précolombiennes, c'est qu'il y avait interpénétration des fonctions étatiques et des fonctions religieuses, aussi bien dans l'exercice du pouvoir civil que dans les fonctions militaires. L'interpénétration était telle que la distinction n'avait pratiquement pas de sens.

En réalité, tout était revêtu de majesté du côté de la religion. Tout était investi de puissance divine du côté de l'exercice du pouvoir d'État. Sans développer ce point, qui évidemment évoque pour chacun d'entre nous, en fonction de nos centres d'intérêt sur l'histoire ancienne, des images plus ou moins précises, on pourrait choisir de s'arrêter à Rome – la Rome antique.

Finalement, à Rome, l'officialisation du culte aboutit à la déification du pouvoir politique, d'une façon particulièrement spectaculaire et très claire pour nous, puisqu'elle est à la base de notre histoire.

Le pouvoir est d'origine divine. L'exercice du pouvoir est de nature divine. Le titulaire du pouvoir devient divin, et Auguste devient un titre. Aujourd'hui cela évoque un prénom de clown, mais dans la Rome antique, cela évoquait quelque chose de beaucoup plus sérieux. Cette divinisation du pouvoir et cette politisation de la religion se manifestent dans des titres surprenants auxquels on pense rarement, comme celui de... pontife. *Pontifex*, celui qui fait les ponts. C'est une fonction très importante quand on pense d'abord au rôle des ingénieurs des ponts et chaussées dans la société française, et déjà quand on pense aux routes romaines. Ce rôle a une fonction à la fois économique et militaire, mais aussi symbolique. En reliant, en supprimant la coupure, on exerce une fonction sacrée. La fonction de constructeur de ponts, *pontifex maximus*, est quelque chose qui est passé sans transition de la Rome antique à la papauté romaine.

Ces sociétés ont disparu, parfois sans laisser beaucoup de traces, comme les empires précolombiens. Mais dans les esprits, en Égypte, il est tout à fait clair aujourd'hui que le président Moubarak est perçu comme une sorte de Pharaon ; c'était le cas pour Sadate. Il y a un rapport au pouvoir en Égypte qui reste influencé par une culture très lointaine. C'est vrai dans d'autres pays, comme la Chine où le pouvoir de l'empereur et l'ordre ont un caractère divin. Cette nature divine du pouvoir a été institutionnalisée lorsque les sociétés modernes ont commencé à évoluer vers la démocratie.

## Évolution dans les démocraties modernes

Les États modernes se sont constitués en grande partie autour de la rupture du lien entre le pouvoir spirituel et le pouvoir temporel. En Europe, lorsque le pouvoir politique s'est senti assez fort, et a voulu se renforcer, il a commencé par rejeter la tutelle du spirituel sur le temporel. Cela s'est traduit en Angleterre d'une façon différente de ce qui s'est passé en France, mais cette réaction a eu lieu partout. En Angleterre, cela a été la création de l'Église d'Angleterre. Cette Église nationale, anglicane, existe encore aujourd'hui.

En France le gallicanisme a été une sorte d'accommodement entre le pouvoir temporel et le pouvoir spirituel. Ces conflits entre temporel et spirituel ont pu aboutir, dans bien des cas, à une relation contractuelle entre l'État et Rome : ce sont les Concordats, qui sont des contrats de droit public et international. Mais c'est la Réforme qui a largement contribué à accentuer la séparation entre pouvoir politique et pouvoir religieux. À travers l'Europe réformée, l'application du principe « *cujus regio, ejus religio* » (tel prince, telle religion), a abouti à la division religieuse de l'Europe et paradoxalement aussi à la cristallisation d'un certain type de rapports qui reposait sur l'idée que le pouvoir temporel a sa spécificité et qu'il ne relève ni de la tutelle, ni encore moins des injonctions du pouvoir spirituel.

Le « Concordat » dans l'Europe restée catholique s'est manifesté comme la forme nouvelle de relation entre les pouvoirs politiques et l'Église de Rome. La diplomatie du Saint Siège, pendant très longtemps, a eu tendance à rechercher ce type de relation contractuelle, y compris en bénissant le pouvoir établi. Dans le *Génie du christianisme*, Chateaubriand rend très bien compte de ce caractère de restaurateur du catholicisme attribué à Napoléon. Plus tard, en Italie, le Concordat avec Mussolini a rendu à l'Église des moyens d'action. Le Concordat avec l'Allemagne de Hitler, en 1933, fit rentrer le « Zentrum » catholique dans la vie politique, avec en particulier l'ancien chancelier Von Papen.

La situation contemporaine peut se résumer ainsi : les États démocratiques modernes sont laïcs, neutres, c'est-à-dire qu'ils ne sont liés à aucune religion. Ils ne soutiennent, ni ne combattent, ils n'interviennent, de façon ni négative ni positive, envers quelque religion que ce soit. C'est la description théorique et parfaite. En gros, c'est ce qui se passe en effet dans les démocraties contemporaines : il n'y en a pas beaucoup, il est vrai – une trentaine d'États sur terre, presque tous en Europe.

Les États démocratiques modernes sont donc laïcs en Europe, même si parfois les religions ont un statut de droit public. Aux États-Unis, dans l'ensemble, il y a un mélange de religiosité et de neutralité. Le droit commun, c'est la neutralité. On peut en faire la démonstration *a contrario* : les États contemporains qui ne sont pas vraiment neutres ou laïcs sont soit des États théocratiques, soit au contraire des États anti-religieux. États théocratiques, ou se présentant comme tels, comme l'Iran, depuis la révolution islamique, ou États anti-religieux ou combattant les religions, comme longtemps certains pays communistes où la neutralité envers la religion n'était pas du tout de mise.

Cette évolution est très puissante. Il y a eu interférence, interpénétration entre religion et politique pendant des millénaires. Il y a eu une évolution conflictuelle entre la Réforme et le XXᵉ siècle. Il y a aujourd'hui une espèce d'assimilation entre État démocratique et neutralité, avec évidemment quelques soubresauts, quelques difficultés. On connaît par exemple la discussion en cours sur la présence du crucifix dans les écoles. En Allemagne, on connaît la différence de réaction entre la Bavière qui l'autorise et d'autres *Länder* qui la proscrivent. Aux États-Unis, des fondamentalistes chrétiens font pression pour exclure Darwin des programmes scolaires de sciences dans certains États. On voit apparaître dans différents États démocratiques des tensions qui sont souvent des rémanences du passé. Mais, à cet égard, le pays le plus intéressant c'est la France.

## La France, fille aînée de l'Église

La France est un cas particulier ; elle a eu pendant très longtemps une position originale dans l'Europe chrétienne. C'est sans doute cette position tout à fait particulière qui explique la violence du processus de séparation de l'Église et de l'État en France, qui aura duré un siècle. Cette position particulière d'une France très cléricale, puis d'une France de la séparation violente, explique que la France ait plus de mal à affronter un problème tout à fait nouveau en matière de laïcité : le problème du traitement d'une religion qui a pris, sur son territoire, une importance démographique nouvelle : l'islam.

Nous avons tous en tête cette situation originale, particulière à la France, « fille aînée de l'Église » qui, après la « pragmatique sanction de Bourges » (Charles VII en 1438) mais surtout après le concordat de Bologne (1516) avec François I$^{er}$, établit le partage des rôles entre le pape et le roi. Le pape, seul, peut donner l'investiture canonique, mais il ne peut la donner qu'à ceux que le roi choisit. On ne peut pas être évêque sans que le pape l'ait reconnu. Mais on ne peut pas être évêque sans que le roi vous ait choisi. Ce partage des rôles aura duré très longtemps. Le pouvoir du roi sur l'Église de France est ainsi reconnu, établi. Il durera bien au-delà du XVI<sup>e</sup> siècle. À la différence d'autres souverains d'Europe, petits ou grands, le roi de France n'avait aucun intérêt à encourager le développement du protestantisme, car l'Église catholique, appuyée par la théorie de la monarchie de droit divin, a créé, développé et ensuite diffusé les fondements idéologiques de l'absolutisme.

Il y eut des concessions, comme l'Édit de Nantes, à la fin du XVI<sup>e</sup> siècle, qui accordait aux protestants, de façon très limitée dans l'espace, la possibilité de pratiquer leur culte. Je dis « limitée dans l'espace », car peu de gens savent que l'Édit de Nantes ne permettait même pas aux protestants de Nantes de pratiquer leur culte à Nantes : ils devaient en sortir et pratiquer leur culte en banlieue... comme les protestants parisiens qui devaient aller à Charenton.

Cela faisait de « la religion prétendue réformée » une religion de second ordre. En fait, cette situation qui devait être

« irrévocable », selon les termes de l'Édit de Nantes, n'allait être en réalité qu'une concession provisoire. La révocation de l'Édit de Nantes, moins d'un siècle plus tard, fut applaudie et commentée très chaleureusement, par Bossuet en tête, comme enfin un retour à la normale. Ce n'était d'ailleurs pas tout à fait la norme européenne : selon l'usage de l'époque les gens qui étaient chassés pour leurs idées religieuses pouvaient librement changer de pays. Le principe « *cujus regio, ejus religio* » avait aussi une dimension individuelle. Les protestants français, eux, étaient privés du droit de quitter la France. Beaucoup l'on fait, mais souvent au péril de leur vie. C'était donc un système extrêmement contraignant et autoritaire. Ce cas particulier de la France dans l'Europe est quelque chose qui aura été présent à toutes les mémoires. Les hérétiques devenaient des hors-la-loi, puisque la maxime établie en France était : « une foi, un roi, une loi ». Dans le reste de l'Europe, les déplacements étaient autorisés.

Cette tension a donc été particulière à la France. C'est peut-être d'ailleurs une des raisons pour lesquelles le mouvement des Lumières, au XVIII<sup>e</sup> siècle, ou même avant, à la fin du XVII<sup>e</sup> siècle, a vu naître toute cette activité intellectuelle en France.

Pierre Bayle, auteur du *Dictionnaire historique et critique* (1696-1697), lui-même d'ailleurs protestant, fils de pasteur, se convertit un bref moment dans sa jeunesse au catholicisme, sous l'influence de diverses pressions, puis se convertit dans l'autre sens ; il émigrera et vivra une grande partie de sa vie à Rotterdam où il est mort il y a trois siècles.

Cette domination absolue de la monarchie catholique déclencha un mouvement d'idées en partie spirituel, en partie philosophique, en partie politique, orienté vers la liberté de conscience, vers aussi la libération de l'État de la tutelle de l'Église. C'est ce puissant mouvement d'idées qui va aboutir, comme on le sait, à la Révolution.

## Constitution civile du clergé (1790) et séparation (1905)

La Révolution française va provoquer la séparation de l'Église et de l'État de la façon la plus brutale qui soit, avec la Constitution civile du clergé. Car il faut dire qu'après avoir proclamé la liberté de conscience et d'opinion, la Constituante n'a pas mis ses actes en accord avec ses principes. La France, qui avait, depuis déjà une longue période, un statut particulier en Europe en ce qui concerne le poids des relations entre l'État monarchique et l'Église, allait retomber dans le même type de situation avec la Constitution civile du clergé. C'était, en fait, la prolongation, d'une certaine façon, d'une

Église nationale et gallicane, avec des évêques élus. Sa condamnation par Rome allait entraîner une situation de crise très profonde, avec les prêtres « jureurs » et « réfractaires ». C'est finalement Napoléon qui, pour des raisons politiques, a jugé utile de négocier, de discuter et d'aboutir au Concordat en 1801. Cette évolution, pendant un siècle, continuera à provoquer une grande tension en France.

L'assimilation entre le cléricalisme et la réaction politique monarchique va être une dominante traversant tout le XIXᵉ siècle. C'est pourquoi le processus de séparation en France a été particulièrement brutal : il aura passé par une série d'étapes. La première est la Révolution. La dernière est, un siècle plus tard, en 1905, la loi de séparation, toujours dans une atmosphère de crise et d'affrontement. On l'a oublié, durant cette période, les témoignages rapportent des situations de grands troubles de l'ordre public. Les « inventaires » furent l'occasion d'importantes crises. Il y a eu des drames. Des officiers de gendarmerie (car pour l'application de cette loi de séparation, il a fallu expulser des religieux) ont spectaculairement brisé leur sabre, ont donné leur démission, parce qu'ils ne voulaient pas participer à ces actions de répression, contraires à tout ce qu'ils avaient appris. Ce fut une période de très grande crise interne, sans rapport avec tout ce qui se passait dans tout le reste de l'Europe à l'époque.

C'est sans doute une des raisons pour lesquelles subsistent encore aujourd'hui les problèmes de la laïcité en France, surtout par rapport à l'école. D'une façon même diffuse, en raison des rapports anciens entre l'Église catholique et la société, on voit surgir des conflits dans quelques autres domaines, comme, par exemple, celui de la morale sexuelle, du planning des naissances, ou de l'IVG. On trouve ainsi des liens entre la partie la plus conservatrice de l'Église catholique et les commandos anti-IVG.

Notre situation est tout à fait particulière en Europe. Je pense que cette attitude à l'égard du fait religieux, des relations entre la religion et la politique, n'aide pas les Français à réfléchir, à traiter un problème tout à fait nouveau, et contemporain : celui de l'islam en France.

## Le cas particulier de l'islam

L'islam est un exemple de religion mêlée à la politique. Il y a une longue tradition d'interférence entre l'islam et la politique. Le Christ a nettement, clairement refusé de jouer un rôle politique. Bouddha Sakyamuni était fils d'un prince. Il était le prince héritier. Il a choisi : il a renoncé à la vie publique.

Mahomet, lui, a été un homme politique et un chef de guerre. Il n'a pas seulement été le Prophète. Il a vraiment joué un rôle politique.

L'action du Prophète, la succession du Prophète, l'utilisation de l'islam par le pouvoir est une tradition profonde, ancienne. Elle se caractérise par de grandes écoles de pensée, des grands courants dans l'islam contemporain, qui ont une origine très ancienne. Le clivage entre les sunnites et les chiites (et les kharijites) repose sur des phénomènes extrêmement anciens, qui sont liés à la succession presque immédiate du Prophète. Ces clivages ont eu lieu il y a plus d'un millénaire. Ils se produisirent après l'assassinat du troisième calife, et son remplacement par Ali, dont l'élection fut contestée par certains, dont la femme du Prophète elle-même... Cela fait mille ans que les fondements politico-religieux du clivage de l'islam en trois grandes branches existent.

Dans un petit livre sur les kharijites, K. Horiba, professeur de philosophie à l'université d'Alger offre un raccourci commode pour les Français. Il explique que les sunnites sont les catholiques, les chiites sont les orthodoxes et les kharijites les protestants. (Kharadja veut dire « sortir ».) Les kharijites, ce sont ceux qui sont sortis de l'évolution extrêmement partisane et politisée de l'islam, sous l'influence du quatrième calife. Si l'immense majorité des musulmans à la surface du globe est sunnite, une très infime minorité est kharijite. On en trouve quelques-uns dans la péninsule arabique, à Oman et au Yémen. On trouve aussi des musulmans liés au mouvement kharijite dans le Mzab. Une infime minorité. C'est un islam démocratique. Il ne jouera peut-être pas un très grand rôle malheureusement, car il s'agit vraiment de petits noyaux. Mais il n'est pas indifférent de connaître son existence.

Les chiites eux-mêmes sont divisés. Il y a même une série de subdivisions en leur sein. Ils sont partisans d'un État théocratique dirigé par un imam. Les chiites ne sont qu'une minorité de l'islam. La grande masse de musulmans, en France en particulier, ne partagent en rien les engagements du mouvement chiite qui a des racines extrêmement anciennes dans l'affirmation d'un État théocratique. Très anciennes puisqu'elles remontent à la succession du quatrième calife, presque contemporain de Mahomet. Ce mouvement est difficile à comprendre pour les Français qui avaient une autre image de l'islam à travers les sociétés coloniales algérienne, marocaine ou tunisienne où les chiites n'existaient pas.

## Le parti de Dieu

Il est très difficile d'analyser le fondement théologique ou religieux de l'intégrisme musulman. L'idée de « Hezbollah », parti de Dieu, par opposition au parti du diable, se trouve dans le Coran. Le Prophète lui-même aurait indiqué que c'est du côté des Persans que l'on pouvait trouver les meilleurs musulmans. Ces affirmations sont aujourd'hui citées en Iran. Le concept de « parti de Dieu » a été formulé pour la première fois par un ingénieur égyptien, un jeune homme, qui a publié un petit livre, en 1975, sous le titre *Hez Bollah, le parti de Dieu*. L'ouvrage a d'abord été diffusé par un certain nombre d'Égyptiens. Mais très rapidement l'imam Khomeyni a repris cette expression à son compte. C'est donc un phénomène assez récent. Voilà ce que disait l'imam Khomeyni, devant le ministre syrien des Affaires étrangères (un Persan parlant à un Arabe dans un discours public en 1979, cela se passe presque de commentaires) :

« J'ai espoir que va se constituer partout dans le monde un parti qui portera le nom de parti des opprimés. Il sera rejoint par tous les déshérités, qui se soulèvent contre les oppresseurs et les pillards de l'Est et de l'Ouest. Ces déshérités interdiront aux oppresseurs de les tyranniser plus longtemps et mettront à l'ordre du jour la promesse de l'Islam, qui est que les opprimés doivent régner sur terre. Jusqu'à ce jour, les opprimés ont été désunis et rien ne s'accomplit dans la désunion.

Maintenant qu'il a été donné un exemple de l'efficacité de l'union des opprimés en terre musulmane, ce modèle doit se répandre partout où cela est humainement et historiquement possible, et prendre nom de parti des opprimés, synonyme de Parti de Dieu, *"Hez Bollah"*.

Les opprimés doivent régner sur la terre, là est la volonté du Très Haut, de Dieu. Ensemble, par un effort de volonté inflexible, ils doivent entreprendre leur libération et compter sur le parti des opprimés pour résoudre tous leurs problèmes, où que ce soit.

Je dois dire, à mon grand regret, que les gouvernements et les communautés islamiques, en particulier les gouvernements et les communautés arabes ont commis une grave erreur, que nous avons commise aussi, ici en Iran. »

Et il développe un certain nombre de thèmes sur Israël et les Palestiniens.

Cette thématique d'un « parti de Dieu », un parti des pauvres, un parti des opprimés, serait annoncée par le Prophète. Les objectifs seraient contenus dans le Coran. Leur réalisation serait commencée en Iran, dont le Prophète disait que c'était peut-être là, finalement, que l'on trouvait les meilleurs musulmans.

On en trouve des traces dans différentes citations. Dans le Coran il est dit : « Si les Arabes faillissent, Dieu les remplacera par un peuple plus méritant. » Un peu plus loin il est dit : « Peut-être que les gentils, les non-Arabes domineront en Islam, et parmi eux les Persans en première ligne. » Le Prophète connaissait la science des Persans.

En Iran, parmi les Iraniens, des religieux s'attribuent, vis-à-vis du monde entier, en particulier du monde arabe, cette espèce de vision « messianique ». Avec un sentiment de supériorité, un sentiment de légitimité : les Arabes n'ont jamais été capables de créer, ni un État arabe, ni un peuple arabe, ni encore moins un peuple islamique. Ainsi s'explique l'influence que peuvent avoir les Iraniens qui font la leçon à tout le monde, non pas en tant qu'Iraniens mais en tant que meilleurs propagandistes, les plus actifs du parti des miséreux.

Cet aspect (je ne dirais pas de l'islam, mais d'une politique fondée sur l'interprétation de l'islam, par certains chiites) remporte du succès en raison de sa puissance, de sa simplicité, de son simplisme. Ce chiisme-là affirme : « Ce sont les miséreux, les opprimés, qui devront gouverner le monde. Le Prophète l'a dit. Ceux qui l'auront compris ne sont certainement pas ceux qui sont la nomenklatura corrompue de partis type FLN, les régimes militaires comme le président Ben Ali, ou Moubarak en Égypte, encore moins des régimes occidentalisés corrompus comme celui du Maroc. Ne parlons pas de ce que représentait le Shah. »

Ce mouvement extrêmement fort n'est pas historiquement originaire du Maghreb. Mais il a trouvé dans une partie de la population maghrébine la possibilité de se diffuser. La plus grande partie des Français d'origine arabe sont algériens et aussi marocains et tunisiens. Il y a une Algérie réelle contemporaine, dans laquelle une partie de la population, désespérée, s'est tournée, là comme ailleurs, vers la variante de l'islam qui pouvait apparaître comme répondant le mieux à son désespoir. Cela paraît extrêmement archaïque. Comme toute l'histoire de l'Europe, l'histoire de la laïcisation, l'histoire de la séparation de l'Église et de l'État, l'histoire de l'interruption de l'influence respective du temporel sur le spirituel ou du spirituel sur le temporel, paraissent comme une histoire du progrès humain.

## L'islam en France

En France, l'on voit surgir tout d'un coup une certaine violence du sein d'une fraction d'une population d'origine africaine. Cela provoque une très grande incompréhension, parce que cela paraît un phénomène régressif. Mais c'est un phénomène auquel nous sommes confrontés. Ainsi, il y a une partie des musulmans, vivant en France, qui, de façon apparemment paradoxale, va chercher des éléments d'espoir dans une philosophie, une théologie ou une vision politico-religieuse des choses, qui paraît à contre-courant de ses propres traditions.

Les origines de la population musulmane en France, majoritairement issue de l'émigration, se sont beaucoup diversifiées depuis vingt ans.

Longtemps les Maghrébins, surtout algériens, mais aussi marocains et tunisiens, en constituaient l'essentiel. Depuis quelques années, des Turcs, des Kurdes, des Africains, des Pakistanais sont venus s'y ajouter, sans oublier les Français musulmans des TOM et DOM, et les Français de souche convertis à l'islam.

Ce degré croissant d'hétérogénéité a plusieurs conséquences : la multiplication des influences étrangères ; la baisse de l'arabophonie ; diverses nuances dans les pratiques cultuelles ; la tendance à l'organisation « communautaire » sur le modèle anglo-saxon et une fréquentation des mosquées et lieux de culte sur une base plus « ethnique ».

Les « structures » de l'islam en France reflètent aussi cette diversité, partagées, voire divisées, entre différentes obédiences : algérienne pour la mosquée de Paris ; longtemps marocaine pour la mosquée d'Évry ; saoudienne pour la mosquée de Lyon et pour le bureau de la Ligue islamique mondiale à Paris ; turque pour l'association TNUIF (Tendance nationale Union islamique en France) ; à dominante tunisienne pour l'UOIF (Union des organisations islamiques de France) ; marocaine et saoudienne pour la FNMF (Fédération nationale des musulmans de France) ; pakistanaise pour le Tabligh ; comorienne et africaine pour la FAICA (Fédération des associations islamiques d'Afrique et des Comores). Encore ne s'agit-il là que des associations les plus importantes et les plus connues. Car il existe des milliers d'associations musulmanes dont on démêle souvent mal les tendances. Ce foisonnement existe évidemment pour d'autres religions. Vouloir connaître l'obédience et les nuances idéologiques qui caractérisent le judaïsme, le protestantisme, et certains arcanes de l'Église catholique conduirait aux mêmes constats et réserverait quelques surprises.

À ce foisonnement d'associations de la loi de 1901, donc culturelles et non cultuelles, qui gèrent les mosquées, les lieux de culte, les clubs, les écoles coraniques et les centres culturels, il faut ajouter les imams, présidents d'associations, sacrificateurs agréés, conjointement par le ministère de l'Intérieur et de l'Agriculture, qui égorgent rituellement les moutons permettant d'approvisionner en viande « *halal* » (licite) les boucheries « musulmanes » et les aumôniers des prisons dont on ne connaît pas toujours les titres, ni ceux qui les proposent à cette fonction.

Mais l'islam présente des caractères particuliers. Si l'on s'en tient au culte proprement dit, l'impression dominante, qui le distingue des cultes « reconnus » traditionnels, est celle d'une religion peu structurée, dans laquelle des personnalités à l'itinéraire et au statut peu clairs apparaissent comme détenteurs de fait d'une autorité religieuse, interprètent les textes, légitiment les comportements des fidèles, revendiquent les droits « spécifiques » de la religion musulmane.

Si l'on s'en tient à l'analyse des influences étrangères auxquelles l'islam de France est soumis, l'impression est cette fois d'une religion étroitement contrôlée, pour des raisons diverses, qui ont finalement peu à voir avec une pratique religieuse normale. Ces interventions multiples venues, soit de certains États musulmans, soit de certains mouvements islamistes plus ou moins radicaux, l'opacité des responsables religieux et de leur discours, tout concourt en définitive à créer la suspicion et à donner de l'islam une image de dangerosité et parfois de provocation.

Depuis quelques années, plusieurs tentatives ont été faites pour inciter et aider les musulmans de France à s'organiser.

Des politiques plus ou moins incitatives ou autoritaires se sont succédé mais il est encore trop tôt pour savoir comment se structureront les différents courants de l'islam en France.

Sans doute un jour choisiront-ils une formule associative analogue à celle de la

Fédération protestante de France, mais ce n'est pas le cas actuellement car des structures de type administratif ont été préférées, peut-être transitoirement.

# LE CHRÉTIEN
# ET LA CIVILISATION OCCIDENTALE*
## par Paul Ricœur

Un des signes les plus inquiétants de notre temps est de voir quelques-uns des meilleurs chrétiens frappés les premiers par cette maladie qu'ils dénoncent brillamment chez les autres et qui est l'impuissance à inventer. Il semble chez eux que le christianisme soit devenu un pouvoir de diagnostic et de critique plus que de création ou de recréation. Soyons encore heureux s'ils ne s'obstinent pas à démontrer que le christianisme n'a pu être vécu que dans un contexte de civilisation aujourd'hui périmé, et à prouver contre eux-mêmes que l'Éternel n'est plus éternel puisqu'il ne peut plus habiter tous les temps.

Je ne commencerai pas par les soubassements et les motifs théologiques du problème : ils dépassent ma compétence ; au reste ils se détermineront de façon plus qu'implicite au cours même de l'interprétation que nous donnons de la civilisation ; les questions deviennent des impasses à force de rester préalables. Je me bornerai à donner quelques instruments de travail, sous forme :

1. d'une *analyse des éléments les plus humains d'une civilisation*, où nous réfléchirons plus

91

particulièrement sur leur façon originale de subsister et de se développer historiquement ;

2. d'une réflexion sur *notre* civilisation occidentale ;

3. d'une esquisse des pôles divergents d'un *engagement politique et social de l'homme chrétien* à l'égard de ces éléments les plus humains.

## Remarques sur la civilisation

Nous ne partirons point d'une définition rigoureuse de la civilisation ; il suffit que nous ayons tous un sentiment, vague et global, de la notion, et que ce sentiment nous oriente vers un trait fondamental de notre existence, de notre condition historique et corporelle : nous appartenons à une certaine aventure qui a des contours géographiques et historiques et qui charrie certaines valeurs ; celles-ci tout à la fois nous baignent, nous portent, nous limitent, et pourtant ne se soutiennent que par notre consentement et notre action. C'est cette situation globale et massive que nous allons d'abord éclairer dans ses traits les plus communs et les plus fondamentaux.

Premier thème. *J'appartiens à ma civilisation comme je suis lié à mon corps.* Je suis en-situation-de-civilisation et il ne dépend pas plus de moi d'avoir une autre histoire que d'avoir un autre corps. Je suis impliqué dans une certaine aventure, dans un certain complexe historique ; et je suis à l'égard de ce prolongement social de mon corps dans le même rapport *équivoque* qu'à l'égard de mon corps : je le subis et je le fais. Il forme un mélange inextricable de déterminations inévitables et de responsabilités, de « limites » et de « chances ». Les unes et les autres m'interdisent l'évasion, mais les premières à la façon d'une nécessité comparable à celle de la nature ou d'une seconde nature, les secondes à la façon d'un devoir présent.

Ma civilisation est une nature et une tâche. Et je pressens que les « utopistes » qui voudraient réaliser n'importe quelle « idée » n'importe quand, manquent la première dimension de l'histoire qui est sa nécessité ; et je pressens aussi que les « déterministes » qui voudraient détacher de mon action créatrice le mouvement de l'histoire, l'arracher à ce consentement personnel qui soutient, et la poser hors de moi comme un objet, comme une chose qui est là et qui se soutient sans moi, manquent à la seconde dimension de l'histoire qui est son humanité même. La nécessité de l'histoire est, comme l'invincible nécessité de la vie en mon corps, l'autre côté de ma responsabilité.

Il est évident que cette remarque esquisse une vaste tâche : un déterminisme historique de prétentions scientifiques est-il encore possible, si la nécessité « colle » à moi, à mon action, à ma liberté ? La nécessité historique n'est-elle pas alors inobjectivable, et jamais *tout à fait* scientifique ? Ces problèmes de la méthode sociologique ne peuvent être ici qu'évoqués. La comparaison avec mon corps, qui tout à la fois s'impose à moi, me situe, et s'offre comme l'organe d'une œuvre personnelle, suffit ici.

Deuxième thème. *Une civilisation a des contours géographiques et historiques.* Après sa liaison originale à moi, c'est la *relativité* de la civilisation qui me frappe ; ces limites spatio-temporelles peuvent être très flottantes, il reste qu'une civilisation définit un champ borné d'humanité, où se poursuit une aventure commune. Ici une seconde comparaison s'offre à nous, non plus celle du corps, mais celle d'un *style* en art. Le gothique, par exemple, a eu une certaine longévité et une certaine ère d'expansion. Ainsi, ce n'est pas l'homme de tous les temps et de tous les lieux que nous rencontrons, ce n'est pas l'universalité de l'homme que nous côtoyons, mais précisément une certaine aventure humaine doublement située dans le temps et dans l'espace. Il y a *des* civilisations. Si l'humanité en est une, c'est soit par sommation vague des civilisations, par abstraction pâle sur ces civilisations, ou par découverte d'une communauté de nature qui n'est plus proprement historique (mais par exemple biologique, rationnelle ou religieuse, plus bas ou plus haut que l'histoire). L'histoire, ce sont *les* civilisations

– au pluriel. Ce rapport des civilisations à l'unique humanité exigerait une analyse particulière qui n'est pas nécessaire pour notre objet.

Troisième thème. *Chaque civilisation qui naît et qui meurt fait paraître des valeurs originales*, des vertus privées et sociales, qui sont pratiquées par une élite ou par la masse, qui sont des jugements, des appréciations, ou des mœurs effectivement pratiquées, qui sont des sentiments ou des maximes rationnelles. Le terme de valeur désigne *le sens* de ces vertus, mœurs, sentiments, notions qui concernent la conduite humaine : c'est ce sens qu'expriment des mots comme honneur, courage, hospitalité, etc. Ainsi, une civilisation transitoire, « historique » au sens radical du mot, est en même temps la mise en scène de valeurs qui, elles, ne sont pas historiques, ne rentrent pas dans la dimension temporelle. On peut les dire éternelles, au moins en ce sens négatif. Nommer une civilisation, c'est non seulement nommer ses « contours » géographiques et historiques (la civilisation européenne de la Renaissance par exemple), c'est aussi nommer le *lien*, c'est-à-dire le faisceau des valeurs qui la caractérisent, et qui font son style. Une civilisation historique est la mise en œuvre de valeurs non historiques. Ceci est une simple esquisse.

Ce troisième thème, comme le premier et le deuxième, appellerait une réflexion de caractère beaucoup plus technique dont j'indique seulement en passant les principales directions. Comment un développement historique, comme celui d'un style de vie et d'action, peut-il être adossé à des valeurs non historiques ? Ceci est très difficile à comprendre : car, d'un côté, si les valeurs sont des *a priori* moraux comme je le crois, il est certain qu'elles n'apparaissent que dans une histoire variable comme les canons de beauté dans les styles ; une réflexion sur les valeurs entièrement coupée de l'histoire a quelque chose de stérile et de vain ; d'autre part, l'histoire n'a de « dignité » que par les valeurs qu'elle découvre. L'intemporel est la substance de l'histoire ; mais la justice, la liberté, même éternelles, n'apparaissent que de façon itinérante ; et si en droit nul n'« invente » la justice et la liberté, si l'*a priori* ne peut être que découvert, les trouvailles morales sont bien, au point de vue historique, de véritables « inventions » — par le canal de grandes personnalités, de mouvements anonymes, ou de l'esprit du temps.

Nous ne pousserons pas plus avant la *difficulté* et nous parlerons indifféremment d'invention ou de découverte afin de bien souligner que cette découverte *est* une invention. Cela suffit pour notre analyse ; de même que nous avons dit que la civilisation est une nature *et* une tâche, qu'elle révèle l'homme, *et* le fragmente en aventures multiples, nous disons maintenant que la dignité de l'homme *itinérant* est dans les valeurs *éternelles* qu'il *découvre* en les *inventant historiquement.*

On notera que le problème posé par le marxisme des rapports de la « superstructure » morale avec « l'infrastructure » technique et sociale des sociétés peut être efficacement renouvelé à partir de ces remarques. Il n'est pas contradictoire de donner un rôle important à la technique dans la perméabilité ou la disponibilité d'une époque à telle ou telle valeur, et de soutenir la transcendance des valeurs à l'égard du développement technique qui en prépare la découverte ou l'invention. Nécessité de l'histoire, responsabilité de la personne, relativité de l'histoire, transcendance des valeurs sont des dimensions cohérentes de la même condition humaine.

Quatrième thème. *Les valeurs ne se conservent que par la mémoire et l'invention des hommes.* Si les civilisations tirent leur « dignité » des valeurs qu'elles mettent en œuvre, ces valeurs ne subsistent pas comme les choses en vertu de quelque inertie. Elles meurent quand nul n'y croit plus. Car l'éternel peut mourir dans son apparence historique. Ainsi, les valeurs de l'Antiquité n'ont *duré* que par une mémoire volontaire dont nous pouvons dater les grands moments et repérer les lieux privilégiés, au Moyen Âge, à la Renaissance, au XVIIᵉ siècle français, etc. Cette mémoire volontaire diffère d'un inconscient collectif qui garderait simplement l'empreinte du passé et en prolongerait le retentissement par simple inertie affective. Cette mémoire a été chaque fois une réinvention à un autre niveau, dans une autre perspective, au sein d'une nouvelle constellation de valeurs. Ainsi, une civilisation ne conserve des valeurs anciennes que par une mémoire volontaire qui est l'envers d'une création de valeurs nouvelles (c'est-à-dire au sens du thème précédent d'une invention qui est une découverte). La dimension future, le « projet » de la nouvelle civilisation est l'élément initial ; qui n'invente plus, ne se souvient pas non plus.

Ce quatrième thème, qui nous rapproche de plus en plus de notre sujet précis, nous autorise déjà à dire que l'idée d'une défense de l'Occident est une absurdité. La conservation historique de valeurs définitivement acquises est un faux problème. Au reste, la défense spirituelle est proche de la défense militaire. Le marxiste aurait raison d'y deviner un réflexe réactionnaire d'une classe en déclin. Pour parler comme Auguste Comte, Tradition et Progrès sont solidaires ; comme mémoire et projet volontaire. Telle est la « fidélité créatrice », pour reprendre Gabriel Marcel, qui ne conserve que ce qu'elle crée.

Cinquième thème. *Les valeurs des civilisations sont « garanties » par des valeurs religieuses.* Ce point est le plus difficile. En effet les valeurs de vie et d'action qu'une civilisation invente sont en elles-mêmes des valeurs morales « neutres » par rapport aux valeurs religieuses de salut. Mais leur nature *propre* n'exclut pas des *rapports* tout à fait originaux et fort complexes. Ainsi, en un sens, les valeurs morales et religieuses se menacent mutuellement : les premières sont une tentation à résoudre par l'effort et la sagesse les problèmes derniers et une invitation à faire de moi le « juste » qui n'a pas besoin de salut ; les secondes sont elles aussi périlleuses si elles refusent pour la foi l'épreuve pratique du quotidien et les valeurs morales qui arment le quotidien ; ce sont en effet les valeurs morales qui donnent à la foi un visage pratique et un point d'application dans le monde et dans l'action. Cet aspect du problème ne nous intéresse pas directement ici.

Un autre aspect nous retiendra plutôt : l'histoire nous montre que les valeurs morales qui, encore une fois, sont en elles-mêmes « neutres » par rapport au salut, dépérissent dès qu'elles n'ont plus pour « horizon » une grande espérance qui dépasse infiniment le bien de l'individu ou de la société. C'est toujours une eschatologie qui est l'âme d'un message social. Cette remarque prend toute sa force si l'on considère qu'une religion n'est pas nécessairement la foi en Dieu : un athéisme ou un patriotisme peuvent prendre la « fonction religieuse », si l'eschatologie de la cité ou de l'humanité s'enfonce dans l'invérifiable et mobilise le type d'émotion, de croyance, d'action qui revient non au bien mais au sacré. Rappelons-nous la leçon de Fustel de Coulanges dans *La Cité antique*[1], et celle de Berdiaeff dans ses divers essais sur l'eschatologie du communisme. Nous appellerons du terme général de « garantie » cette action très curieuse de protection, d'inspiration, d'animation que la religion exerce à l'égard de la morale vivante. Bien qu'elle n'entre pas dans la structure des valeurs de morale et donc des valeurs proprement de civilisation, la religion les « garantit » contre leur propre dépérissement en donnant à l'homme un motif supérieur de dévouement et de fidélité aux valeurs de civilisation. La civilisation ainsi se souvient et invente à l'ombre du sacré qui la dépasse.

Nous devinons maintenant qu'il y a quelque absurdité à *définir* une civilisation. Comme les réalités vivantes qui composent la condition humaine, elle ne se laisse pas dominer intellectuellement par un schéma de mots ; tout au plus peut-on éclairer par des côtés différents la situation globale de l'homme-en-civilisation. Pour rassembler

1. Numa-Denis Fustel de Coulanges, *La Cité antique : étude sur le culte, le droit, les institutions de la Grèce et de Rome*, Paris, Durand, 1864, 525 p., rééd. Champs Flammarion 1997.

toutefois les divers éléments de notre analyse nous en tirerons quelques règles pratiques.

1. Nous nous interdirons d'opposer la compréhension de la nécessité du sentiment de notre responsabilité personnelle : par exemple, nous nous garderons de forger le mythe d'une décadence automatique qui nous écraserait autant que nous contraignait celui d'un progrès automatique. Les limites de l'histoire ne peuvent éteindre ses chances, c'est-à-dire supprimer la place que ses questions laissent à *notre* réponse. L'histoire n'a pas de sens en soi mais en nous.

2. Notre responsabilité a un caractère concret ; nous nous interdirons de nous réfugier dans un humanisme abstrait ; c'est au milieu de notre peuple que nous avons à réaliser l'humanité. Un lieu et un temps bornent et situent notre responsabilité.

3. Nous chercherons à reconnaître les valeurs qui font la dignité de notre civilisation, non pour nous les donner en spectacle, mais pour les soutenir par notre piété active.

4. Nous chercherons quel est le mode actuel de la fidélité et le mode actuel de l'invention : dans une période de crise, c'est ce double effort qui nous sauvera de l'esprit critique, des diagnostics virtuoses et de l'intellectualisme qui en est la punition.

5. Enfin nous réfléchirons sur la signification chrétienne de cette fidélité créatrice dont nous venons d'esquisser les traits les plus généraux. Cette cinquième règle sera mise à part et commandera à elle seule la troisième partie de cette étude.

## Remarques sur notre civilisation

Ces remarques seront beaucoup plus superficielles encore que les précédentes, car pour être vraiment concrètes elles exigeraient une mise au point historique extrêmement soigneuse. Qu'on n'y cherche pas autre chose qu'une illustration, aussi concrète que possible, des principes généraux énoncés plus haut.

Première tâche. *La première tâche serait de repérer la sphère historico-géographique, les contours de notre civilisation occidentale.* Est-il possible d'identifier cette unité de style que nous nommons civilisation occidentale ?

L'analyse précédente nous permet d'affirmer que l'histoire ici commande la géographie. La « zone » occidentale est là où s'exerce cette promotion de valeurs qui donne son « sens » relativement indivisible à notre civilisation. Mais ce sens a-t-il une unité historique réelle ? On peut d'abord en douter. En effet, un grand nombre de crises et de hauts moments proviennent de certains apports successifs qui ont semblé « ruiner » la civilisation occidentale et qui ont provoqué de nouvelles inventions, de nouvelles synthèses qui s'épanouissent aux grandes « époques ». « Ruines » et « époques » soulignent ces crises et ces hauts moments, ces apports étrangers et ces synthèses. Ainsi, notre civilisation occidentale a été plusieurs fois inventée, et avec une signification sensiblement différente. Ce n'est pas la même Antiquité, qui est remémorée par saint Augustin, par saint Thomas, par Michel-Ange, par Racine, par Hegel, par Nietzsche, etc.

Ce sont en particulier les apports chrétiens puis les apports barbares qui ont provoqué les deux premières réinventions de l'Antiquité. Le Bas-Empire est une première synthèse. La féodalité en est une autre où le monde barbare apporte un élément tout nouveau. La civilisation bourgeoise a été à son tour une synthèse originale : l'élément féodal y est chassé par une autre couche civilisatrice. Au XIXᵉ siècle, les valeurs révolutionnaires apparaissent comme un facteur de crise (...).

Tout ceci est très vague, mais nous autorise du moins à tirer une première conclusion : la civilisation occidentale n'est que sa propre histoire avec ses crises et ses grandes périodes ; ce n'est pas un ensemble immuable de valeurs autour duquel il faudrait monter la garde, c'est une histoire à continuer.

Dès lors on ne peut être que très prudent en ce qui concerne les limites géographiques de la civilisation occidentale ; les limites passent là où cesse de s'exercer cette mémoire qui permet de dire, après une crise, que c'est la même civilisation qui continue. Au temps de l'Empire romain, la frontière était sur le Danube, au Moyen Âge elle était au contact de l'islam. Aujourd'hui, la signification géographique de la civilisation occidentale s'efface ; c'est un pays sans frontière ; l'Amérique est à l'Europe ce que fut la Grande Grèce pour l'Attique ; nul thème qui n'ait d'abord été européen. La Russie est doublement liée à l'Occident, par le christianisme et le marxisme. Même si une certaine détente de la mémoire occidentale s'observe de part et d'autre et si des processus excentriques (raciaux, idéologiques, etc.) ont pris le pas sur cette mémoire, on peut dire, comme Karl Jaspers, que les extrémités de l'Europe sont à San Francisco et à Vladivostok.

Aussi bien le problème des foyers de culture est-il plus important que celui des frontières de culture ; et nous ne pouvons pas encore dire si des valeurs authentiques ne naîtront pas hors de la « petite » Europe et du « petit » Occident, ni qui seront les authentiques héritiers de la tradition occidentale qui renouvelleront la mémoire du grand passé de ce petit Occident.

**Deuxième tâche.** *Une deuxième tâche serait de reconnaître les valeurs révélées par cette histoire.* C'est le problème de l'humanisme. Mais nous savons, en le posant, que ce problème n'est pas susceptible d'une solution abstraite. Les valeurs qui devraient concourir dans ce *système* de valeurs qu'on appelle l'humanisme ne sont pas séparables de *l'histoire* de ces valeurs. Notre conscience de civilisation est même un raccourci d'histoire et embrasse des valeurs qui « font date » et ne sont nullement contemporaines ; ces couches de valeurs se stratifient en nous ; des effondrements, des clivages, des éruptions bouleversent parfois ces couches.

L'humanisme est donc moins un système qu'une unité de style ou qu'un air de famille entre des valeurs d'époques différentes : l'hospitalité date de l'Odyssée, l'opposition du citoyen à l'esclave et au barbare est une idée morte aujourd'hui et qui date du Vᵉ siècle avant Jésus-Christ ; par contre, l'amour de la patrie qui est aussi vieille, a été plusieurs fois réinventé et de diverses façons ; l'idée stoïcienne de l'unité du genre humain est morte plusieurs fois et plusieurs fois ressuscitée ; le droit romain, la propriété individuelle, la société conjugale, la théorie des contrats, etc., tels que les juristes romains les ont élaborés, ont été des éléments stables du patrimoine occidental jusqu'au XIXᵉ siècle (…).

L'époque médiévale a inventé l'honneur guerrier, les valeurs communautaires, la propriété comme service, la fidélité personnelle comme rapport politique fondamental, etc. Le XVIII$^e$ siècle a découvert l'identité et l'égalité abstraite des citoyens, l'égalité devant la loi, le sujet ; théorique de droit, la liberté civile, le sens constitutionnel, etc. Le XIX$^e$ siècle nous a mis en face d'un problème, celui du travail, dans ses rapports avec l'outillage, les grands ensembles humains et l'État moderne, et nous appelle à inventer la civilisation qui continuera l'homme.

L'unité de l'humanisme n'est donc pas toute faite. C'est la mémoire volontaire qui unifie derrière elle les contrastes, et finalement l'unité reste une tâche ; l'homme est son propre projet. Le thème de la valeur de l'homme, sa valeur incommensurable par rapport à la masse de la nature, à la masse des outils, à la masse des hommes même, ce thème est un thème vivant ; et il n'exclut pas les contrastes : entre liberté et justice, entre égalité et hiérarchie, entre société légale et communauté affective, entre l'ordre abstrait et la fidélité personnelle, etc. Mais ces contrastes eux-mêmes ne doivent pas être durcis — ni non plus l'unité du thème — et transformés en contraires abstraits ; ce sont des tensions concrètes, historiques qui aiguisent l'invention et ne sont jamais susceptibles d'autres synthèses que pratiques.

Troisième tâche. *Une troisième tâche serait de découvrir la forme moderne de cette invention des valeurs* sans laquelle une mémoire de l'Antiquité, du Moyen Âge, de la Renaissance, de la période classique et bourgeoise serait plus stérile qu'un regret. Nous avons un guide : ce sont les nécessités mêmes de notre époque qui *localisent* notre effort. Il faut fortement penser les nécessités d'un temps pour inventer du neuf ; tels le sculpteur ou le peintre qui ne créent qu'au contact des résistances et des exigences de la pierre, des couleurs, du volume et de la surface. Il n'est pas mauvais ici de s'inspirer du marxisme qui enseigne à penser selon l'inéluctable histoire des techniques ; nous sommes à l'âge atomique : il faut le savoir et le comprendre. Une nouvelle façon de produire et de construire, d'habiter et d'échanger pose un nouveau problème, et c'est au contact de ces nécessités qu'il faut éprouver en soi-même l'appel de la justice, de la liberté et de toutes les valeurs que la mémoire révère.

C'est dans ce va-et-vient, entre une étude des nécessités inéluctables et une méditation des valeurs éternelles que peut jaillir un nouveau style de vie. Ainsi, le souci de l'homme et de sa dignité nous rendra attentifs aux « chances » que nous offrent les techniques modernes, aux « chances » que le loisir donne à d'immenses masses humaines que le travail asservissait, aux « chances » que l'avion ou la radio offrent aux échanges humains, etc. Le sens des nécessités nous gardera de l'utopie qui nous fait rêver d'un *autre* homme que nous, d'un autre corps, d'une autre histoire ; mais le sens de l'éternité des valeurs nous gardera des vertiges du fatalisme, du désespoir, de la mentalité décadente, etc. (...)

Cette troisième tâche mériterait à elle seule une étude très approfondie et sans doute collective.

## Responsabilité chrétienne de la civilisation

En quoi les analyses précédentes intéressent-elles la conscience chrétienne ? Quels motifs et quelles fins peuvent pousser le chrétien à exercer cette mémoire de l'homme et ce projet de l'homme ? Les remarques faites à la fin de la première partie sur la fonction de « garantie » de la religion à l'égard de la civilisation doivent être reprises ici. Elles ont été faites du point de vue de la civilisation, et dans cette hypothèse que les civilisations *valent* d'être conservées dans notre mémoire et inventées au-delà du souvenir. Or rien n'indique à première vue que la Révélation chrétienne – la foi au message central de la mort et de la résurrection de Notre Seigneur et l'attente de son retour – concerne en quelque façon le développement historique des civilisations, et, d'une manière générale, la promotion de valeurs humaines. Le christianisme n'est pas d'abord un facteur civilisateur : il me dénonce pécheur et me donne la vie nouvelle par participation au premier vivant.

Et pourtant la foi chrétienne concerne *aussi* ma civilisation.

Elle la concerne d'une double façon : d'un côté le problème de la responsabilité sociale du chrétien n'est pas différent de celui de la sanctification de mon corps. Précisément parce que ma civilisation est comme l'extension de ma chair et adhère à mon destin spirituel, ma civilisation est comme mon corps lui-même, « le temple du Saint Esprit ». Tous les problèmes de l'incantation et de la foi, c'est-à-dire *tous les problèmes de sanctification* doivent pouvoir être entendus de l'histoire humaine connue du corps humain. Les œuvres sont dans le corps et dans l'histoire ; le « culte raisonnable » est le sacrifice de notre corps et de notre histoire, « sacrifice vivant, saint, agréable à Dieu » (Épître aux Romains 12, 1). Le problème est toujours de signifier, d'incarner notre foi dans des œuvres qui témoignent que nous sommes des créatures nouvelles et d'avancer dans la foi par l'effort même de la sanctification du corps et de l'histoire.

D'un autre côté, la foi chrétienne concerne ma civilisation parce qu'elle annonce la Royauté cachée de notre Seigneur sur le cours de ce monde et sur le cours de l'histoire, cette Royauté qui éclatera aux yeux aux derniers jours. Je crois que, malgré les apparences, Christ règne déjà sur cette promotion de valeurs, malgré le démoniaque qui la défigure, au-delà de ce démoniaque qui la cache. Je crois que Christ vient à la fin de l'histoire et de ma civilisation et que sa venue sera la découverte de son règne actuel.

Incarnation et eschatologie dominent tout ce que je puis penser de ma civilisation et faire en elle et pour elle. Ces deux thèmes sont comme deux pôles entre lesquels naît une *tension vivante* parfois douloureuse, mais toujours féconde. Cette tension vivante ne peut être que vécue et « agie » ; je ne peux en *dire* que les deux aspects contraires : les deux thèses suivantes les résument.

Première thèse. Dans la ligne d'une méditation sur l'incarnation, la responsabilité sociale du chrétien est à peu près celle-ci : le christianisme me donne un *motif* éternel d'action, l'amour du prochain, mon frère en Christ. Ce *motif* doit s'incarner dans l'œuvre historique de la civilisation ; il doit transfigurer les *valeurs humaines* qui lui servent de corps, de visage, d'expression. C'est toujours à travers une morale que la foi s'applique et s'incarne. Ainsi saint Paul énumère-t-il dans la partie pratique de ses épîtres des vertus déjà connues de l'Antiquité.

C'est moins une morale nouvelle que le christianisme apporte qu'un motif nouveau, étranger, révélé : la sanctification dans l'attente du Seigneur. Les valeurs antiques sont ainsi *recréées du dedans* selon l'amour du Christ et du frère et dans la perspective des choses dernières : c'est ainsi que la première génération chrétienne a pensé sanctifier l'esclavage lui-même sans avoir besoin de le ruiner comme situation juridique.

Puis ce furent les barbares que l'Église assuma et dont elle tenta de repenser et de recréer les valeurs ; ces valeurs barbares de féodalité, jointes aux valeurs gréco-romaines réinventées à travers la féodalité, ont posé au Moyen Âge chrétien un problème analogue à celui des valeurs hellénistiques pour la génération apostolique. *Ainsi, le christianisme* BAPTISE *les civilisations.* C'est cet acte du baptême historique des païens et des barbares que nous avons lu tout à l'heure dans l'autre sens, à l'envers si l'on peut dire, du point de vue de la civilisation, comme l'acte décisif de fondation des valeurs morales et sociales dans le sacré. L'homme n'est possible que dépassé, et sa civilisation n'est viable que quand elle se sait suspendue à l'éternité.

Dès lors, si le christianisme recrée les civilisations à mesure qu'elles inventent des valeurs, le chrétien social est celui qui se sait à la pointe de ce ministère du baptême des institutions païennes. (…) Toujours la tâche est d'assumer les valeurs de l'époque, de les dégager de leur contexte païen, de les convertir en quelque sorte selon le baptême d'ensevelissement avec Christ et de résurrection avec lui, de les sanctifier comme le corps lui-même. Le juste et l'injuste sont ainsi fondés en même temps que condamnés et recréés par la foi. Et aujourd'hui notre tâche de *chrétien* est de discerner les valeurs nouvelles de justice et de liberté que les conditions techniques du monde moderne permettent et suscitent, de les reconnaître partout où elles sont, et de les repenser et de les revivre en climat de foi. (…) Le fait que les nouvelles valeurs — à supposer qu'il s'agisse bien de valeurs — soient nées à l'ombre de l'athéisme ne serait pas plus décisif que l'éclosion de la valeur d'hospitalité sous l'égide du polythéisme païen.

Les valeurs morales, les valeurs de civilisation sont en elles-mêmes « neutres », comme un corps à sanctifier. De même que l'Église baptise des enfants qu'elle n'a pas mis au monde, elle baptise des civilisations dont la promotion des valeurs appartient à une autre couche de l'existence humaine et de la création que le dessein du salut ; mais elle assume ces enfants parce que le Père les crée finalement par une autre voie que celle de la prédication et du sacrement — par le mouvement, la vie et l'être. C'est pourquoi dans la plénitude de l'homme devenu parfait, la science, l'art, la civilisation sont récapitulés et accomplis dans l'unité. Plus profondément que leur neutralité et leur autonomie, les valeurs liées à l'histoire sont enracinées dans la création, comme tout Logos rationnel ou historique dans le Logos créateur qu'est une personne de la Trinité. C'est pourquoi, inversement, les valeurs morales dépérissent quand elles n'ont plus d'horizon religieux et eschatologique.

C'est donc d'abord une parole de courage et d'audace qu'il faut entendre : ton siècle n'est pas extraordinaire ; ce sont toujours les Grecs et les barbares qu'il te faut baptiser et c'est le Grec et le barbare en toi qui doivent être convertis.

À la limite, il faudrait aller jusqu'à cette thèse de Jacques Maritain et de l'abbé Journet sur la « chrétienté profane » : le christianisme du XXe siècle doit accepter de jouer un rôle dans les formations politiques, laïques et profondément sécularisées, à condition toutefois que la liberté de la Parole soit assurée ; il doit saisir toutes les occasions que lui offre le monde moderne, toutes les « chances » que lui fournit la civilisation contemporaine de baptiser cette civilisation, comme elle a tenté de baptiser celle des Grecs et celle des barbares.

Deuxième thèse. Une plus grande attention aux choses dernières nous rejette vers le second pôle. La thèse précédente avait pour postulat que les formes modernes de la civilisation sont dans le même rapport à l'égard du christianisme que les formes hellénistiques du temps de saint Paul, et qu'ainsi toutes les civilisations peuvent être baptisées. Mais l'âge moderne est-il un âge païen ? Il est après le christianisme, il est post-chrétien, il a refusé son baptême passé. Dès lors nous ne sommes plus dans une histoire profane, mais profanée. Nietzsche l'a bien vu, qui a proclamé que l'Occident agonise avec « la mort de Dieu ». Cette « mort de Dieu » contamine et pervertit toutes les valeurs, même les plus neutres, du seul fait qu'elles ont perdu leur horizon, leur garantie, leur fondement. Les valeurs nouvelles dès lors ne sont plus neutres mais antichrétiennes et par là même profondément inhumaines ; car là où le divin ne baigne pas les racines de l'humain, l'humain se corrompt. Tout le diabolisme diffus dans la bêtise, le règne de la technique, l'avènement de la foule, la puissance de la propagande, la corruption de la politique, etc., prend soudain un sens à partir de cette mort de Dieu. Car l'histoire a une manière terrible d'être encore orientée par l'histoire sacrée, c'est d'être désorientée quand elle en refuse l'impulsion, le jugement et l'appel infinis.

C'est donc cette fois une parole sombre, une parole qui nomme l'Antéchrist, qu'il me faut entendre. Et cette parole me dit que la mesure de l'homme ne peut être recherchée en commun avec les athées, et qu'une vérité déracinée ne peut être jointe à une vérité enracinée, même si en apparence elles disent la même chose.

Que faire alors ? Chercher le destin du christianisme pratique dans l'édification de *communautés originales*, reposant au besoin sur une économie antérieure à la mort de Dieu en Europe, réactionnaires s'il le faut au point de vue technique. Ces communautés tenteront de vivre la vie du chrétien, en restaurant d'abord le tissu social élémentaire, en recréant un nouveau style du travail, du salaire, de la propriété et de l'argent ; et puisqu'il n'est pas possible de convertir les démons à l'œuvre dans l'État et dans ses grandes structures économiques et sociales, on ne perdra pas son effort dans ces grands corps où il se diluerait sans fruits ; on le concentrera plutôt dans ces petites communautés qui seront des cités-témoins, et peut-être un jour des cités-refuges comme les monastères au temps des invasions.

Ainsi, à l'époque de la mort de Dieu, l'invention de valeurs de civilisation ne serait plus possible qu'en marge de l'histoire, dans la périphérie immédiate de paroisses encore vivantes, et les démons seraient livrés à eux-mêmes en attendant non leur conversion mais leur écrasement final ; si l'histoire ne peut plus être baptisée, il n'y a plus d'engagement politique du chrétien, mais un engagement pratique à contre-courant de l'histoire aberrante ; il ne s'agit plus d'appliquer le christianisme à travers les valeurs de civilisation mais contre elles.

L'opposition entre cet humanisme chrétien et cette eschatologie sociale est terrible. Nous savons bien que ces deux paroles nous sont adressées et qu'elles sont vraies – vraies jusqu'à un certain point, jusqu'au point où chacune vit de l'autre. C'est la condition moderne du chrétien de vivre dans la tension vivante de ces deux pôles.

En effet, tout pessimisme radical sur l'histoire contemporaine se retourne finalement contre la Seigneurie du Christ : si le Christ règne, alors il ne peut plus y avoir que du non-être dans la substance de l'histoire ; là où il y a du « Quelque chose », qui vit et croît, il y a de l'être et donc du bien et du divin. Ainsi pense courageusement saint Augustin dans le *De Malo*. La terre ne peut être l'enfer. Aussi, toute sécession des chrétiens est un manque de foi, un refus de reconnaître le bien au cœur des civilisations les plus aberrantes, le bien que le Seigneur assume, récapitule dans l'homme accompli. Peut-être sommes-nous en un temps où, plus qu'en tout autre, la tâche du chrétien est de proclamer la Seigneurie du Christ dans le désespoir *des autres* et de discerner à tout prix le bien, le positif, l'humain, du démoniaque, du négatif, de l'inhumain. Un désespoir ne peut être dernier, mais avant-dernier : c'est la Vanité étendue, sur toutes choses. Mais la Création soupire, et l'histoire avec elle. Peut-être les chrétiens seront-ils bientôt les seuls à donner un sens à l'humain, car, encore une fois, on ne sauve l'humain de l'inhumain qu'en l'enracinant en haut. Mais parce que ce sont les autres qui désespèrent, il n'a rien à craindre d'une collaboration avec ceux qui tentent encore de se souvenir de l'homme d'avant la mort de Dieu et d'inventer encore à nouveau l'homme avec cette piété au cœur, *sans savoir pourquoi*, finalement, l'homme vaut d'être encore inventé par l'homme.

Mais si, d'autre part, le chrétien engagé politiquement risque de ne plus savoir lire les signes et sentir la pourriture, s'il a besoin d'un ami qui a déchiffré la mort de Dieu dans l'histoire, peut-être l'Église fidèle a-t-elle maintenant deux sortes de fils, ceux qui font tous les pactes pour sauver l'homme de l'inhumain, et ceux qui tentent l'aventure du village sur la montagne. Peut-être les deux pôles du christianisme pratique au XXᵉ siècle suscitent-ils deux vocations en tension fraternelle dans l'Église : la vocation du chrétien dans la politique laïque, et celle du chrétien dans les communautés chrétiennes prophétiques.

* Ce chapitre est la reproduction d'un article paru dans *La Revue du christianisme social*, nº 5, 1946, et repris dans *Autres Temps*, nº 76-77.

# Table des matières

Composition : Facompo, Lisieux

Achevé d'imprimer par Corlet, Imprimeur, S.A.
14110 Condé-sur-Noireau
N° d'éditeur : 5661 – N° fab. : 5778
N° d'imprimeur : 79780
Dépôt légal : septembre 2004
*Imprimé en France*